中国会计评论
CHINA ACCOUNTING REVIEW

名誉顾问

厉以宁/北京大学

梁尤能/清华大学

葛家澍/厦门大学

主　编

王立彦/北京大学

副主编

陈　晓/清华大学　　吕长江/复旦大学

刘　星/重庆大学　　刘志远/南开大学

编　委（按编委姓名拼音排序）

陈　晓/清华大学　　刘志远/南开大学

陈信元/上海财经大学　吕长江/复旦大学

刘　峰/中山大学　　曲晓辉/厦门大学

刘　星/重庆大学　　王立彦/北京大学

编辑部

岳　衡/北京大学　　肖　星/清华大学

李　娟/北京大学出版社　伍利娜/北京大学

编辑部 IT 事务

曾建光

编务助理

谌嘉席

地　址

北京大学光华管理学院一号楼 529 室

（邮编：100871　电话：010-62767992）

北京市海淀区成府路 205 号　北京大学出版社 209 室

（邮编：100871　电话：010-62750037　传真：010-62556201）

《中国会计评论》理事会

(按大学、机构名称拼音排序)

理 事

机构	理事
北京大学	吴联生
北京工商大学	杨有红
北京理工大学	陈宋生
重庆大学	刘 星
对外经济贸易大学	汤谷良
复旦大学	洪剑峭
哈尔滨工业大学	王福胜
华中科技大学	张兆国
吉林大学	赵 岩
暨南大学	熊 剑
南京大学	王跃堂
南开大学	张继勋
清华大学	肖 星
山西大学	张信东
上海财经大学	孙 铮
上海交通大学	徐晓东
苏州大学	罗正英
武汉大学	王永海
西安交通大学	田高良
西南财经大学	蔡 春
西南交通大学	肖作平
厦门大学	陈汉文
云南财经大学	陈 红
浙江大学	姚 铮
浙江工商大学	许永斌
郑州航空工业管理学院	张功富
中国人民大学	支晓强
中山大学	魏明海
中央财经大学	孟 焰
《中国会计评论》编委会	王立彦

特邀理事

IASB 国际会计准则理事会	张为国
中国会计学会	刘玉廷
中国注册会计师协会	陈毓圭

中国会计评论

第 11 卷　第 3 期
（总第 33 期）
2013 年 9 月

目　录

▕　文　章　▏

会计专业判断的跨情境不一致性：经验检验
……………………………………………… 吴　溪　罗　乐（237）

危机冲击、信息解读与信息披露：基于金融危机的证据
……………………………………………… 金　智　刘宝华　罗　宏（255）

现金分红、盈余管理方式选择与企业价值
……………………………………………… 刘　衡　苏　坤　李　彬（277）

有形信息、无形信息与分析师行为
……………………………………………… 黄　霖　黄宇虹（301）

风险投资减持过程中的机会主义
　　——基于盈余管理视角的研究
……………………………… 胡志颖　蔡卫星　丁园园　韩金金（317）

注册会计师考试、签字会计师人力资本与审计质量
……………………………………………… 黄亮华　陈运森　谢德仁（343）

CHINA ACCOUNTING REVIEW

Vol. 11 No. 3

September, 2013

CONTENTS

Articles

Cross-Situational Inconsistency of Accounting Judgment: An Empirical Test
.... Xi Wu and Le Luo(237)

The Impact of Market Crashes on Information Analysis and Disclosure:
Evidence from the Financial Crisis
.... Zhi Jin, Baohua Liu and Hong Luo(255)

Cash Dividends, Earnings Management Choice and Corporate Value
.... Heng Liu, Kun Su and Bin Li(277)

Tangible Information, Intangible Information, and Analyst Behavior
.... Lin Huang and Yuhong Huang(301)

The Opportunism of Venture Capital During the Equity Selling:
A Study Based on Earnings Management
.... Zhiying Hu, Weixing Cai, Yuanyuan Ding and Jinjin Han(317)

CPA Examination, Responsible Auditors' Human Capital and Audit Quality
.... Lianghua Huang, Yunsen Chen and Deren Xie(343)

会计专业判断的跨情境不一致性:经验检验

吴 溪 罗 乐[*]

摘 要 根据人格心理学领域的观点,个体行为同时受到个体内部存在的自我统一性动机和适应环境要求动机的影响。本文的实验证据显示,当受试者设想自己处于会计信息编制者的角色时,显著倾向于审计师—客户冲突中的客户一方;当受试者设想自己处于会计信息鉴证方的角色时,则显著倾向于冲突中的审计师一方。这意味着对于会计专业判断行为,在同一个体内部,因担当不同角色而适应环境要求的动机总体上压过了自我统一的动机,从而该个体表现出明显的跨情境不一致性。本文证据拓展了以往对会计专业判断特征的认识,对理解会计标准在现实中的执行具有重要含义,同时也有助于理解对审计师工作的评价过程和特征。

关键词 人格特征 跨情境不一致性 会计专业判断 审计师—客户冲突

一、引 言

对审计工作的客观评价有助于审计质量的提高和注册会计师行业的良性发展。对审计工作的评价通常有同行的其他审计师或外部人士(包括监管者、投资者和普通的社会公众)参与。在对客户的审计中,审计师和管理层对于同一会计专业问题可能会产生不同的判断并通过谈判来解决分歧(参见 Gibbins et al.,2001);而对审计师工作进行评价的第三方个人则需要对此会计专业问题做出自己的判断,以便评价审计师的专业工作。

准则制定者和监管者通常要求会计准则(在从事会计和审计相关工作的专业人员中)得到广泛一致的理解和应用;这意味着,不仅同一个人(不论是审计师、管理层还是第三方评价人)对同一会计专业问题的理解和判断应当是唯一

---

[*] 吴溪,中央财经大学会计学院;罗乐(通信作者),北京大学光华管理学院,E-mail:luole@gsm.pku.edu.cn。本研究得到教育部新世纪优秀人才支持计划(NCET-11-0754)、北京市"会计学专业群(改革试点)"项目、中央财经大学青年科研创新团队"实证会计与审计"项目、中央财经大学校级 2011 协同创新项目"注册会计师行业发展"以及中央财经大学"211 工程"重点学科建设项目资助。感谢肖泽忠教授对本文的贡献,感谢主编王立彦教授、两位匿名审稿人以及岳衡、周波、陈旭霞的评论和建议。

的(即每个人总会认同在自己看来应该是最合理会计处理方法的那种专业判断),而且不同个体之间对同一会计专业问题的理解和判断也应当尽可能一致。

在以往的会计专业判断文献中,研究者试图理解不同个体对相同问题存在判断上的分歧,并将这种分歧归结为认知能力、知识、环境、动机乃至个体性格等方面的差异(Libby and Luft,1993;Smith,1999;Nelson and Tan,2005)。而对于同一个体,人们则通常认为其对某专业问题的判断具有较高程度的内在稳定性(Ashton,1974)[1],不过有关证据主要限于个体处于特定的单一角色时(如审计师)所做的判断,因此判断结果可能已经受到特定角色的约束。我们并不清楚同一个体的会计专业判断是否不受个体所处角色的影响而表现出完全意义上的内在一致性,还是会随着所处角色的不同而表现出明显的不一致性。

在人格心理学领域,个体人格在不同时点或不同情境下是否一致,是最具争议性的研究话题之一(Figueredo et al.,2005)。个体内部同时存在着自我统一性动机和适应环境要求的动机,而个体的外显行为则受到个体内部这两种动机的共同影响(见王登峰、崔红(2006)的综述和讨论)。当自我统一性动机强于(弱于)适应环境要求的动机时,个体行为更可能表现出跨情境一致性(不一致性)。在会计专业判断领域,个体行为或外显的态度与倾向表现为跨情境一致性还是不一致性,尚无直接的经验证据。

本研究考察了当受试者分别担当会计职业的不同角色时(会计信息编制方 vs. 会计信息鉴证方),如何选择在客户(会计信息编制方)与审计师(会计信息鉴证方)所发生冲突中的态度倾向。实验证据显示,同一受试者在处于不同角色时对同一会计专业问题表现出了显著的态度倾向差异。具体而言,当受试者设想自己处于会计信息编制者的角色时,显著倾向于审计师—客户冲突中的客户一方;当其设想自己处于会计信息鉴证方的角色时,则又显著倾向于审计师一方。

本研究在以下方面做出了学术拓展。第一,本文的研究试图从心理学的角度探讨同一主体对同一会计问题的专业判断为什么会出现差异。具体来讲,同一主体对同一会计问题的认知或判断应该是一致的,因为他所确定的恰当或最优的判断是唯一的。但在实务工作中,我们往往观察到同一主体对同一会计问题的专业判断会随着其所处环境的变化而相应地发生变化。经济学理论将其归因为其利益函数(或效用函数)的不同。而我们则试图从心理学理论的角度出发,提供另外一种补充的解释,即相对于自身的性格特点,环境因素会更多地影响人的行为。当相关人士针对某一会计专业问题进行判断和决策时,他会受

---

[1] Ashton(1974,p.151)发现,受试者在两个时点(间隔6—13周)对同一问题进行判断的相关性均值为0.81。但事实上,即使处于同一角色的同一个体或机构,随着时间的迁移和环境的变化,其专业判断也有可能发生变化。这可以从国际会计准则委员会和许多国家会计准则制定机构对会计方法和技术的选择的诸多变化中看出。

到两种相互竞争的因素的影响。一方面,自我统一性动机会促使他针对某一特定问题做出一致的判断。对此问题的判断是唯一的,因为总有一种判断是在他看来最优的选择。另一方面,适应环境要求的动机会促使他在不同的环境下针对某一特定问题做出不同的判断,就仿佛对此问题没有唯一的最优判断,完全取决于他所处的环境以及在此环境中他所扮演的角色。因此,我们的研究拓展了以往对个体专业判断稳定性的认识。

第二,会计准则制定者和监管者通常倾向于准则在实务中得到尽可能一致的理解和执行;本文的证据意味着,面对存在一定判断空间的、原则化的会计标准,个体在处于容易产生潜在冲突的社会角色时(客户 vs. 审计师)会自然形成对立的态度倾向,从而揭示了会计标准在执行中面临的一项基础性挑战(该挑战来自准则执行者适应环境要求所做出的调整)。

第三,在对审计师的工作进行评价时,第三方的评价者不可避免地受到其自身所处社会角色的影响而可能更倾向于审计客户或者审计师,这在无形中增大了对审计师进行客观评价的难度。因此,有关方面在检查和评价审计师工作时,可能需要特别注意选取哪些行业或背景的人士担任独立的第三方评价者。

第四,我们关于角色转换对专业判断的影响的结果有助于加深对"旋转门"现象的理解。在实践中,很多注册会计师在从业一段时间后,会跳槽至企业(可能是以前审计过的客户,也可能不是)从事会计或财务方面的工作。有的观点认为,这可能有助于提高审计质量,因为以前有注册会计师从业经历的会计人员可以更有效地和现任审计师进行沟通。但也有观点认为,这可能不会带来审计质量的提高,因为以前有注册会计师从业经历的会计人员更了解现任审计师的工作思路与流程,更容易在审计中捍卫作为客户的观点和立场,较难接受现任审计师所要求进行的调整。本文的研究表明,审计师可能难以指望转换为客户财务人员的前审计人员表现出对审计师立场的支持。这一现象的背后存在着心理学上的动因,即当同一主体处于不同环境中时,其满足环境要求的动机可能超过其保持内在统一性的动机,因而其对于同一问题的判断也会随着其所在外部环境的不同或所处身份的不同而有所差异。只单纯地从经济利益的角度出发,而忽视内在心理因素的影响,可能不能完全解决会计或审计监管中所面临的问题。

本文随后各部分安排如下:第二部分提出本研究的理论基础和研究假设,第三部分为研究设计,第四部分对结果进行分析,最后为结论和讨论。

二、研究假设的提出

根据人格心理学领域的观点[2],人格的内涵包括个体的外显行为、内心情感

---

[2] 本部分主要参考了王登峰、崔红(2006)的综述和讨论。

和体验、动机以及神经生理基础。[3] 个体内部同时存在着个体保持自我统一性的动机和个体适应环境要求的动机。前一种动机出于个体保持自我独立性的需要,使个体能够感受到自我是完整的和整合的,是一种原发性的动机。[4] 后一种动机出于个人行为能否符合环境的要求,能否达到个人目标或能否得到接受和赞许的需要,是一种工具性的动机。

在某些情境下,个体的行为可能完全由原发性动机驱使,而与工具性动机无关,此时个体行为表现出明显的跨情境一致性。[5] 但在很多情境下,个体所面对的情境会唤起个体的工具性动机,此时个体行为不仅需要满足原发性动机,还要满足工具性动机。换言之,外显行为不仅受到个体保持自我统一性动机(即保持人格稳定的倾向)的影响,也同时会受到适应环境要求动机的影响。而且,两种动机的强度对比会直接影响个体的行为[6]。

类似地,社会心理学中的角色理论也认为,个体行为受到了对其所处角色的期望和他人所认为的个体处于某一特定角色下应如何去做的不成文规矩的影响(Shaw and Costanzo,1982),因此个体的判断和决策与个体所担当的角色密切相关。换言之,个体行为应当符合其所处角色的行为规范,表现出与其所处社会角色的认同或一致,而不是背弃或相反。

关于个体在不同社会情境下的行为差异,在心理学领域也存在着重要的实验基础。比如,著名社会心理学家 Philip G. Zimbardo 于 1971 年在其主导的一项经典实验——斯坦福监狱实验(Stanford Prison Experiment)[7]——中提出了路西法效应(the Lucifer effect),检验了"情境力量"对个体行为的影响。根据路西法效应(Zimbardo,2007),善和恶之间的平衡非常脆弱,角色一旦转换,行为很可能不受善恶伦理约束。从更普遍的意义上讲,路西法效应强调个体受到社会角色的规范及束缚,角色决定了人们大部分的态度及行为。换言之,该效应认为人们身处什么角色情境下就会有什么样的逻辑,然后做出相应的行为。

第三方在对审计师的工作进行评价时,也需要对客户与审计师存在不同看法的会计交易或事项进行专业判断,这既涉及第三方对会计专业技术本身的认知,也涉及第三方在做出评价时所担任的社会角色或面临的社会情境(判断者

---

[3] 外显行为是人格特点最直接的表达;个体的内心情感和体验是个体在做出某种行为时伴随的内心活动;动机是个体行为和内心体验背后的目的性和导向性;神经生理基础是个体的基础生理反应和神经系统活动模式。
[4] 在经典的人格理论中保持自我统一性的动机往往与人性紧密联系,比如"本我"、"自我实现的倾向"等。
[5] 比如对商品品牌的偏好、休闲时的音乐选择等。
[6] 一些强调社会情境影响的心理学学者(如 Mischel et al.,2004)甚至将"一个人在变化的环境中不调整自己个性"的特征界定为"人格障碍"(personality disorder)(见 Figueredo et al. (2009) 第 268 页的讨论)。
[7] 在该实验中,学生们只是随机地被指派担任监狱看守或囚犯的角色。但在六天的实验中,受试者都强烈地感受到角色规范的影响,努力地去扮演他们被指定的角色。许多担任监狱看守角色的学生表示,他们很惊讶于自己是那么容易就以控制他人为乐,当他们穿上警卫制服时,就自然地使他们从被动的大学生转变为富有攻击性的监狱警卫。而担任囚犯的学生则惊讶于自己只会在情绪上起波动,被动地顺从或反抗监狱看守的管束及处罚,却忘了这只是角色扮演。

在做出评价时可能是会计信息的编制者,也可能是会计信息的鉴证方)。出于保持自我统一性的动机,每个个体可能会对特定的会计专业问题形成自我独立和一致的判断;而适应环境要求的动机则可能促使个体在做出判断时,需要考虑自己的行为倾向或态度是否符合自己所处社会角色的行为规范,是否有利于自己所处社会角色的整体利益,以及是否会为处于类似社会角色的他人所接受(Fogarty,1996)。

根据上述讨论,当存在审计师与客户的冲突时,第三方个体如何理解发生的冲突并思考冲突背后的专业问题,可能受到其所处的社会角色影响。对于同样的专业问题,如果第三方个体担任会计信息编制方(即被审计方)的角色,其判断、态度和决策要符合会计信息编制方的需要,因而个体更可能从特定冲突中的客户角度思考问题,做出判断并倾向于认同客户的观点。类似地,如果第三方个体担任会计信息鉴证方(审计方)的角色,其判断、态度和决策要符合此环境下审计师所面临的工作要求和风险状况,因而个体更可能站在审计师的角度思考问题,做出判断,并在审计师与客户的冲突中容易认同审计师的观点。[8]

例如,在针对应收关联企业款项计提坏账准备的会计处理问题上,企业财务报表编制者可能认为由于关联企业的特殊性,不需要像应收非关联企业款项那样计提同等水平的坏账准备。然而,审计人员可能认为企业在计提坏账准备时不应对关联方欠款降低计提比例。[9] 传统文献可能试图将不同主体的不同观点归结为其经验、教育背景、执业环境等方面的差异。本文试图讨论的问题是,对于同一个体自身,对于同一项会计处理判断是否是唯一的,还是会根据自己设想的社会情境差异而做出截然相反的判断。如果同一个体自己并没有一个一贯的判断,则很难归结为个体的经验、教育背景以及现实执业环境的差异,因为对于一个个体而言,这些因素是相同的;在这种情况下,我们倾向于将其判断差异归结为心理学的因素,即跨情境不一致性的存在。

综上所述,我们提出以下假设:

假设 1a 在对审计师与客户的冲突判断中,同一个体处于对立的社会情境下(会计信息编制方 vs. 会计信息鉴证方),对同一会计问题的处理认同存在显著差异。

假设 1b 在对审计师与客户的冲突判断中,同一个体处于会计信息编制方的角色时更可能认同客户的观点。

假设 1c 在对审计师与客户的冲突判断中,同一个体处于会计信息鉴证方的角色时更可能认同审计师的观点。

在上述三项假设中,假设 1a 是跨情境不一致性的直观表述。该假设之所

---

[8] 在实务工作中,通常评价审计师工作的第三方主要包括具有财务报告经验的会计人员和审计专业经验的其他同行审计师以及普通社会公众等。

[9] 类似情形的更详细讨论可参见研究设计部分对案例 1 的说明。

以成立,建立在假设 1b 和假设 1c 的基础上,即至少需要假设 1b 或假设 1c 成立,甚至是假设 1b 和假设 1c 同时成立。反之,如果普遍而言,个体并不存在明显的跨情境不一致性,我们将观察到假设 1a 不成立;同时,我们也只能观察到假设 1b 成立而假设 1c 不成立(即受试者不论设想自己处于什么角色,都始终支持财务报表编制者的观点),或假设 1c 成立而假设 1b 不成立(即受试者不论设想自己处于什么角色,都始终支持财务报表鉴证方的观点);换言之,假设 1b 和假设 1c 不会同时成立。

三、研究设计

(一) 社会情境的设置

我们设置两种社会情境,其一是受试者设想自己处于会计信息编制者的角色,其二是受试者设想自己处于会计信息鉴证者的角色。具体方式为,我们在审计师与客户的冲突判断问卷中设置两个问题:第一个问题要求受试者设想自己是企业的会计人员,然后对冲突进行判断,选择其支持某一会计处理方式的倾向;第二个问题要求受试者设想自己是会计师事务所的审计人员,然后对同一冲突进行判断并选择其支持倾向。两个问题的唯一差异是要求受试者设想的社会角色不同。

为了提高受试者对审计师—客户冲突中的客户角色的接近程度,问卷中对受试者设想的企业会计人员角色的限定是"与案例中的企业具有类似处境"。由于审计人员所在的会计师事务所范围较广,问卷中对受试者设想的审计人员角色的限定是在一家"国际四大会计师事务所"工作。[10]

(二) 会计专业判断

对会计专业判断的检验通过模拟审计师与客户的冲突加以实现。在这样的冲突中,受试者可以同时感触到不同会计职业情境(社会角色)对同一专业问题的对立观点。审计师与客户的冲突场景基于实务案例改编。为了考察潜在的社会情境效应并不局限于特定的会计交易或事项,我们要求受试者分别考虑两个反映不同会计交易或事项的审计师—客户冲突案例。[11]

1. 案例 1

在第一个案例中,某审计项目组发现,客户对关联公司所欠的应收账款计提坏账准备的比例远低于其他债务人的计提标准。审计师认为公司应当按照

---

[10] 如果不作限定,有的受试者可能设想自己是在某国际四大事务所工作,而有的受试者则可能设想自己是在某本土会计师事务所工作,从而导致问卷结果难以控制不同受试者对事务所独立性的认知差异。

[11] 限于篇幅,我们设计的实验问卷未附在文后。有兴趣的读者可与作者联系。

对一般债务人的计提比例对关联公司的欠款计提坏账准备。如果按照审计项目组的调整建议,公司的当期净利润将受到重大影响(在案例中具体化为减少约70%)。

客户与审计师的冲突体现在公司财务总监不接受审计项目组的观点,理由是公司与关联公司的最终控制人均为当地市政府,一旦出现任何问题,只要由当地市政府出面调解,这些应收账款不可能构成坏账。[12]

上述案例中,客户对特定债权计提坏账准备的方式与其对其他债务人的常规计提方式存在差异,且对利润的影响也具有明显的重要性。一方面,客户的会计处理方式并未得到会计监管者的认可[13];另一方面,客户提供的解释具有形式上的合理性,而且体现了客户明显的社会背景优势,即地方政府是客户的最终控制人,且有可能干预特定的财务事项,或为公司提供潜在支持。

2. 案例2

在第二个案例中,某审计项目组发现,此前已连续两年亏损的客户在审计当期确认了一笔重大的非经常性利得(来自地方政府补贴);但发文的政府部门并未实际发放补贴,而是由其他政府部门(客户的最终控制人)垫付。审计师实施询问程序确认了该交易确实发生,但认为该补贴收入的发文部门(地方财政局)与实际拨款部门(地方国资委)并不一致,与通常的补贴收入支付方式相比较为异常,确认补贴收入的证据并不充分。

公司财务总监则认为,多个地方政府部门都联合支持公司渡过难关,项目组也已获取了该交易事项的真实性(发生认定)不存在重大风险的证据。同时向审计师强调,公司的扭亏局面是在多个地方政府部门支持的情况下才实现的,一旦事务所不允许公司确认补贴收入,扭亏将无法实现,并将给公司带来巨大负面影响,包括终止上市、职工安置等一系列问题。

在第二项案例中,客户是否确认补贴事项产生的营业外收入对当期利润的影响具有明显的重要性。一方面,客户的会计处理方式存在较大争议,也并未得到会计监管者的认可[14];另一方面,客户提供的解释体现了客户强烈的扭亏动机、政府扶持背景和一旦无法扭亏将面临的社会压力,为其会计行为提供了较强的合理化借口(rationalization)。

3. 对受试者回答问卷的要求

在对上述审计师与客户的冲突进行判断时,问卷要求受试者在设想自己处于特定社会角色后,在给出的量表中选择一个数值表达受试者支持公司财务总

---

[12] 从理论上说,地方政府的介入,也可能导致应收账款变成坏账。例如,假如欠款单位处于财务困境,政府为了挽救它,可能利用其行政权力,强制案例公司免除欠款单位的债务。

[13] 比如,在中国证监会上市公司监管部(2005)在归纳"操纵利润的手法"时明确列举了本研究实验案例涉及的会计行为,将其视为"不谨慎的"会计处理。当然,这一观点并未在实验过程中向受试者交代。

[14] 该案例源于中国注册会计师协会对具有证券期货资格会计师事务所执业质量检查中识别的一起实际案例,检查人员不认为公司能够确认补贴收益。同样地,这一观点并未在实验过程中向受试者交代。

监的倾向。在设计量表时,通常而言,较多的量表数值选项的设置方式有助于检测出受试者在态度上的更细微差异,而较少的量表数值选项则容易掩盖潜在的行为倾向差异。为此我们采用10点量表,其中1表示最低的支持倾向,10表示最高的支持倾向。这一设计与以往文献也是一致的(如 Tsui and Gul,1996;Agoglia et al.,2003)。受试者选取的量表数值越高,表示该个体在审计师与客户的冲突中越倾向于认同客户的观点。受试者处于会计信息编制方(鉴证方)的角色时选取的数值设为$ATTITUDE_1$($ATTITUDE_2$)。

(三) 对变量关系的预期

根据此前提出的假设,不论是第一项案例,还是第二项案例,受试者设想自己处于对立角色时对客户的支持倾向存在显著差异,即预期$ATTITUDE_1$与$ATTITUDE_2$存在显著差异(假设1a)。进一步地,我们预期受试者设想自己处于会计信息编制方的角色时对客户的支持倾向($ATTITUDE_1$)显著高于中立值5.5(假设1b),该受试者设想自己处于会计信息鉴证方的角色时对客户的支持倾向($ATTITUDE_2$)则显著低于中立值5.5(假设1c)。

(四) 实验对象的选取

本研究选取了某知名高校会计专业的大三学生作为受试者。一方面,这种选择可以合理保证受试者已经具备一定的会计和审计专业基础,能够较好地理解审计师—客户冲突中涉及的职业环境和专业问题。另一方面,虽然在实验研究中采用实务人员作为受试者是较为普遍的做法,但根据本文的研究问题(希望检验基于心理学理论的跨情境不一致性是否普遍存在),除了心理学理论的解释,基于经济学理论的利益冲突也可能解释受试者在实验中的选择行为。如果受试者不具有实际的实务经历(即在校大学生),其更不可能受到不同社会角色所伴随的现实经济利益(或效用函数)差异的影响,即现实利益冲突的可能影响相对而言被降到了最低,受试者更容易从所面临的问题本身做出判断,此时我们观察到的效应也更容易归结为心理学因素的影响。如果此时仍然能够观察到显著的结果,则说明本文的结论具有稳健性(即受试者确实是由于心理上适应环境要求的动机压过了自我统一的动机而出现的结果)。从这个意义上讲,本研究以高校本科学生作为受试者能够对研究假设提供较为稳健的证据,并不会削弱本文结论的有效性。[15]

---

[15] Ashton and Kramer(1980)的实验发现,在很多方面,以具备一定专业基础的大学本科生为实验对象,其实验效果在很多方面(包括数据的整体方向与结论)可以较好地替代以审计实务人员作为实验对象时的实验效果。当然,两类实验对象仍然在不少方面(包括具体的幅度差异)存在差异。因此,Ashton and Kramer(1980)建议研究者根据具体的研究目标选择实验对象,而并不一概否定大学生作为实验对象的价值。

（五）问卷实施

我们的研究问题要求受试者在假想担任某种角色时确定自己对某一特定会计问题的立场。因为因变量是受试者支持公司财务总监的倾向,为了避免出现需求效应(demand effects,即我们过多地提醒受试者其所扮演的角色,使得受试者意识到我们关注此因素而有意地对此因素做出特别的反应),我们并没有设计单独的实验有效性测试题。

在本研究的实施阶段,样本高校会计专业大三学生共有6个班级。在进行正式实验之前,我们选择其中一个班级进行了预实验,以确保我们的实验工具恰当地满足了我们的研究需要。预测试采取讲座方式,在该班级近50名学生中,共有31名学生自愿参加。未列示的预测试结果符合本文提出的三项假设,也未出现我们认为有必要对实验材料进行调整的情形。相应地,我们在预测试之后的一周对所有其他5个班级安排了正式的大规模测试,主要通过在讲座(涉及四个班级,学生自愿参与)或会计专业课程(涉及一个班级)上向受试者发放审计师—客户冲突判断问卷。

我们的研究基于心理学理论的研究,与基于实验经济学理论的研究不同,受试者的表现并不与所获得的经济报酬直接挂钩。每个班级的问卷事先进行了编号(以确保发放和回收的完整性)。有关老师在课堂上向参与的同学们解释了我们出于学术研究的目的,作一个小的问卷调查,参与填写问卷可以作为平时成绩的一部分或日常学习表现的加分。有关学生的身份及其他隐私信息不会被单独披露,只有特定的人员能够接触到原始数据。

为了消除受试者对自身回答后果的顾虑,对所有受试者均采取匿名答卷方式,但要求受试者填写性别和年龄信息(以控制可能的性别和年龄差异)。研究者在现场观察受试者回答问卷的情况,避免出现受试者在回答问卷时相互参考,从而不恰当地影响结果。

由于预测试的结果与之后的正式测试结果近似,本文随后报告的统计结果基于该年级所有6个班级的测试结果。共有261名学生回答了问卷。研究者在现场收回问卷过程中,均检查了每份问卷是否回答完整。对于收卷过程中发现的存在回答遗漏的问卷,研究者要求答卷人补充完整,最终收回有效问卷261份。261名受试者中有男性67名,女性194名。受试者的年龄平均(中值)为20.2(20)岁,最大22岁,最小18岁。

四、检验结果

（一）案例1的结果

表1显示,在第一项案例中,$ATTITUDE_1$的均值为6.73,中值为7;ATTI-

TUDE$_2$ 的均值为 3.55，中值为 3。t 检验和 Wilcoxon signed-rank 检验均显示，ATTITUDE$_1$ 显著大于 ATTITUDE$_2$（p 值＝0.000），意味着两种倾向之间存在显著差异，从而支持假设 1a。

进一步的检验显示，ATTITUDE$_1$ 显著大于中立值 5.5（p 值＝0.000），意味着当受试者设想自己处于会计信息编制者的角色时，显著倾向于审计师—客户冲突中的客户一方，从而支持假设 1b。ATTITUDE$_2$ 显著小于中立值 5.5（p 值＝0.000），意味着当受试者设想自己处于会计信息鉴证方的角色时，显著倾向于审计师—客户冲突中的审计师一方，从而支持假设 1c。

我们将两种角色下的倾向差异（ATTITUDE$_1$－ATTITUDE$_2$）设为 ATTITUDE$_{DIFF}$。表 2 的 Pearson 相关系数矩阵显示，ATTITUDE$_{DIFF}$ 与 ATTITUDE$_1$ 显著正相关（Pearson 相关系数＝0.649），与 ATTITUDE$_2$ 显著负相关（Pearson 相关系数＝－0.540），意味着受试者处于会计信息编制者一方时对客户的支持态度越强烈，其处于对立角色时（即会计信息鉴证方）对客户的态度变化幅度也越大；换言之，受试者处于会计信息鉴证方时对审计师的支持态度越强烈，其处于对立角色时（即会计信息编制者）对审计师的态度变化幅度也越大。

表 1　案例 1 问卷结果的统计检验

	观测数	均值	标准差	中位数	最小值	最大值
ATTITUDE$_1$	261	6.73	1.99	7	1	10
ATTITUDE$_2$	261	3.55	1.80	3	1	10

假设 1a：ATTITUDE$_1$ ＝ ATTITUDE$_2$（原假设）

t-statistic	p-value	z-statistic	p-value
22.72	0.000	13.12	0.000

假设 1b：ATTITUDE$_1$＝5.5（原假设）

t-statistic	p-value	z-statistic	p-value
9.99	0.000	8.53	0.000

假设 1c：ATTITUDE$_2$＝5.5（原假设）

t-statistic	p-value	z-statistic	p-value
－17.53	0.000	－11.87	0.000

报告的 p 值均为双尾。变量界定：ATTITUDE$_1$＝受试者设想自己处于会计信息编制方的角色时对客户的支持倾向（取值为 1 至 10 之间的整数值）；ATTITUDE$_2$＝受试者设想自己处于会计信息鉴证方的角色时对客户的支持倾向（取值为 1 至 10 之间的整数值）。

表 2　案例 1 问卷结果的 Pearson 相关系数矩阵

	ATTITUDE$_{DIFF}$	ATTITUDE$_1$	ATTITUDE$_2$
ATTITUDE$_{DIFF}$	1.000		
ATTITUDE$_1$	0.649***	1.000	
ATTITUDE$_2$	－0.540***	0.290***	1.000

*** 表示在 0.01 水平上显著（双尾）。N＝261。变量界定：ATTITUDE$_{DIFF}$ ＝ ATTITUDE$_1$－ATTITUDE$_2$；ATTITUDE$_1$＝受试者设想自己处于会计信息编制方的角色时对客户的支持倾向（取值为 1 至 10 之间的整数值）；ATTITUDE$_2$＝受试者设想自己处于会计信息鉴证方的角色时对客户的支持倾向（取值为 1 至 10 之间的整数值）。

(二) 案例 2 的结果

表 3 显示,在第二项案例中,$ATTITUDE_1$ 的均值为 6.87,中值为 7;$ATTITUDE_2$ 的均值为 3.82,中值为 3。t 检验和 Wilcoxon signed-rank 检验均显示,$ATTITUDE_1$ 显著大于 $ATTITUDE_2$(p 值=0.000),支持假设 1a。进一步的测试显示,$ATTITUDE_1$ 显著大于中立值 5.5(p 值=0.000),支持假设 1b。$ATTITUDE_2$ 显著小于中立值 5.5(p 值=0.000),支持假设 1c。表 4 显示,两种角色下的倾向差异 $ATTITUDE_{DIFF}$ 与 $ATTITUDE_1$ 显著正相关,与 $ATTITUDE_2$ 显著负相关。

综上,对第二项案例问卷的统计得到了与第一项案例问卷十分类似的结果。

表 3 案例 2 问卷结果的统计检验

	观测数	均值	标准差	中位数	最小值	最大值
$ATTITUDE_1$	261	6.87	2.19	7	1	10
$ATTITUDE_2$	261	3.82	1.99	3	1	10

假设 1a:$ATTITUDE_1 = ATTITUDE_2$(原假设)

t-statistic	p-value	z-statistic	p-value
17.98	0.000	12.26	0.000

假设 1b:$ATTITUDE_1 = 5.5$(原假设)

t-statistic	p-value	z-statistic	p-value
10.10	0.000	8.63	0.000

假设 1c:$ATTITUDE_2 = 5.5$(原假设)

t-statistic	p-value	z-statistic	p-value
−13.58	0.000	−10.47	0.000

报告的 p 值均为双尾。变量界定:$ATTITUDE_1$=受试者设想自己处于会计信息编制方的角色时对客户的支持倾向(取值为 1 至 10 之间的整数值);$ATTITUDE_2$=受试者设想自己处于会计信息鉴证方的角色时对客户的支持倾向(取值为 1 至 10 之间的整数值)。

表 4 案例 2 问卷结果的 Pearson 相关系数矩阵

	$ATTITUDE_{DIFF}$	$ATTITUDE_1$	$ATTITUDE_2$
$ATTITUDE_{DIFF}$	1.000		
$ATTITUDE_1$	0.692***	1.000	
$ATTITUDE_2$	−0.612***	0.147**	1.000

*** 和 ** 分别表示在 0.01 和 0.05 水平上显著(双尾)。$N=261$。变量界定:$ATTITUDE_{DIFF} = ATTITUDE_1 - ATTITUDE_2$;$ATTITUDE_1$=受试者设想自己处于会计信息编制方的角色时对客户的支持倾向(取值为 1 至 10 之间的整数值);$ATTITUDE_2$=受试者设想自己处于会计信息鉴证方的角色时对客户的支持倾向(取值为 1 至 10 之间的整数值)。

(三) 多元分析

我们还进行了多元分析,以考察社会情境对受试者态度的影响,同时控制受试者的性别、年龄乃至不同班级群体对受试者态度的潜在影响。在该分析中,我们设置虚拟变量 ROLE,取 1(0)时表示受试者设想自己处于会计信息编制方(鉴证方)的角色,并以不同角色下选取的对客户的支持倾向 ATTITUDE 作为因变量。相应地,样本共有 522 个观测值(261×2)。同时控制的变量有GENDER(取 1 为男性,取 0 为女性)、AGE(受试者的年龄)以及班级虚拟变量。

由于因变量为非负整数,我们采用泊松(Poisson)回归。表 5 列示了回归结果。我们报告了稳健的 z 统计量,即对每个受试者(261 人)进行群(cluster)调整得出。结果显示,不论是案例 1 还是案例 2,ROLE 的系数均显著为正($p<0.01$),表明当受试者处于不同社会情境时,对同一会计专业判断问题表现出了显著不同的态度倾向。各控制变量则未表现出显著的影响。

表 5 社会情境对受试者态度的影响之多元回归结果

因变量:ATTITUDE	案例 1		案例 2	
	系数 (z 统计量)	系数 (z 统计量)	系数 (z 统计量)	系数 (z 统计量)
ROLE	0.639	0.639	0.585	0.585
	(20.39)***	(20.39)***	(16.60)***	(16.60)***
GENDER		0.048		−0.035
		(1.00)		(−0.75)
AGE		0.016		0.032
		(0.57)		(1.15)
Class Dummies		yes		yes
Constant	1.267	0.925	1.341	0.685
	(40.50)***	(1.68)*	(41.55)***	(1.22)
Observations	522	522	522	522
Wald Chi2	415.8	443.2	275.6	283.8
(p-value)	(0.000)	(0.000)	(0.000)	(0.000)

*** 和 * 分别表示在 0.01 和 0.10 水平上显著(双尾)。报告的 z 统计量基于稳健的标准误(经过对每个受试者的群调整)得出。变量界定:ATTITUDE =受试者设想自己处于某种会计职业角色时对客户的支持倾向(取值为 1 至 10 之间的整数值);ROLE=1 表示受试者设想自己处于会计信息编制方,ROLE=0 表示受试者设想自己处于会计信息鉴证方;GENDER=1 表示受试者为男性,GENDER=0 表示受试者为女性;AGE=受试者的年龄;Class Dummies 为班级虚拟变量(共 5 个)。

(四)进一步的测试

为了尽量排除非自愿参与方式可能对本文结果的干扰,我们在未列报的稳健性测试中也剔除了通过会计专业课程收回的 54 份问卷观测(涉及一个班级),并不改变本文的主要结果。

我们还检验了第二项案例中的 ATTITUDE$_{\text{DIFF}}$ 与第一项案例中的 ATTI-

TUDE$_{DIFF}$的相关性,发现两者显著正相关(Pearson 相关系数=0.527,p 值=0.000)。这意味着在第一项案例中表现出较大倾向差异的受试者在第二项案例中也更可能表现出较大的倾向差异,进一步说明跨情境不一致性在个体专业判断中的持续存在,而不仅限于特定的会计交易或事项。

此外我们也发现,第一项案例中的 ATTITUDE$_1$ 与第二项案例中的 ATTITUDE$_1$ 显著正相关(Pearson 相关系数=0.443,p 值=0.000);第一项案例中的 ATTITUDE$_2$ 与第二项案例中的 ATTITUDE$_2$ 显著正相关(Pearson 相关系数=0.323,p 值=0.000)。这意味着受试者在两项案例中处于同一角色时,对客户(或审计师)的态度倾向具有延续性。

五、结论和进一步的讨论

(一) 主要结论

人格特征中的外显行为同时受到个体保持自我统一性动机和适应环境要求动机的影响。当适应环境要求的动机强于个体保持自我统一性的动机时,个体行为可能表现出跨情境不一致性。本文的实验证据显示,在会计专业判断领域,个体总体上表现出明显的跨情境不一致性,即一名受试者设想自己处于不同社会角色时对同样的专业问题采取了显著不同的态度倾向。具体而言,当受试者设想自己处于会计信息编制者的角色时,显著倾向于审计师—客户冲突中的客户一方;而当受试者设想自己处于会计信息鉴证方时,则又显著倾向于审计师—客户冲突中的审计师一方。上述发现在我们设计的两个不同会计交易或事项案例中都得到了验证。

(二) 本文的贡献与含义

其一,上述发现拓展了以往对会计专业判断(包括审计判断)特征的认识[16]。Ashton(1974)发现个体在不同时点的专业判断具有较高的稳定性(stability)。本文的发现意味着个体专业判断的稳定性可能限于个体当时所处的特定社会角色。一旦个体所处角色发生转换,其对相同会计问题的专业判断和态度倾向很可能会发生显著变化,因此个体专业判断并不具有完全意义上的稳定性。

其二,本文的发现对理解会计标准在现实中的执行具有重要含义。会计准则制定者和监管者都强调处于不同角色的个体对会计准则理解和执行的一致性。本文的证据显示,尽管专业标准没有任何变化,但同一个体在进行会计专

---

[16] 比如,张继勋(2002)建议,在我国开展对审计判断的评价(尤其是审计判断一致性)的研究是重要而有益的。国内以往文献已围绕会计专业人员在信息处理加工过程中的其他心理学特征展开了研究,如代表性启发法(张继勋、杨明增,2008)和锚定效应(杨明增、张继勋,2007)。

业判断的过程中也并未表现出唯一的判断选择和态度倾向,相反,其判断选择或态度倾向随着个体所面临环境的变化而存在显著差异。换言之,个体对会计专业标准的应用倾向会随着特定环境、社会情境和自身所担当角色的变化而调整,而并没有坚持对会计标准的唯一运用。这种来源于个体内部不同动机、外在表现为个体对会计标准按个体所处的不同角色而进行的不同解读和倾向性应用,构成了会计标准执行中的一项基础性挑战。此外,以原则为导向的会计标准给予有关财务报告各方基于会计原则进行具体判断和选择的余地,保留了会计职业中相关不同社会角色为其倾向的不同会计处理方案寻求合理化解释的空间,从而更加难以实现个体对会计标准做出符合准则制定者和监管者所预期行为规范的具体应用。

其三,本文的发现有助于理解对审计师工作的评价过程和特征。第三方对审计师专业判断的认同和倾向,受到了第三方所在身份(会计信息编制者 vs. 会计信息鉴证者)的影响。因此,在有关方面安排和组织对审计师的工作进行评价时,可能需要更多的独立于财务报告过程的专业人士。

其四,本文的发现有助于丰富对会计职业道德的理解。在会计职业中,个体为了满足特定情境需要而表现出的不同会计处理倾向,往往伴随着不同的道德评价(特别是从会计准则制定者和监管者的角度来看)。但个体按照不同情境要求而调整自己的行为倾向,这本身符合心理学的基本特征;同时,对于中国人而言,行为的跨情境不一致性也被认为是个体心理健康的重要标志(王登峰、崔红,2006,p.546)。因此,本文的发现意味着,得到较高道德评价的个体可能只是在当时特定的社会情境或角色下做出了更符合道德标准的行为,而同样的个体处于对立的社会情境或角色时则完全有可能做出道德评价程度较低的行为;而不论是得到较高还是较低道德评价的行为,其本身都符合个体内在的人格特征。关键在于,如果道德约束和监管处罚距离个体直接面临的社会环境较远,则难以引导个体在做出符合人格特征的行为时争取较高的道德评价。如果道德约束和监管处罚与个体可能面临的不同环境具有不同的距离(比如对某些社会情境和角色较严,而对另一些社会情境和角色较松),甚至会诱发个体转向道德约束和监管处罚力度较弱的社会情境和角色,这样其行为倾向既符合内在人格特征,又不至于招致较低的道德评价。

其五,本文的发现有助于增进对"旋转门"现象后果的理解。在审计行业,审计人员在从业一段时间后会普遍转换为企业的会计人员,即"旋转门"现象(Menon and Williams,2004;Lennox,2005)。在"旋转门"现象中,一种可能的预期是,具有审计师背景的财务人员可能更容易理解审计师对某会计专业判断问题的思路和立场,从而在审计师识别出有问题的会计处理时更可能理解和配合审计师的意见。然而本文的证据显示,原本担任审计师角色时越支持审计师的个体,一旦转到客户身份时反而会发生更大的态度转变($ATTITUDE_2$ 与 $ATTITUDE_{DIFF}$ 显著负相关)。因此,在"旋转门"现象发生后,审计师在与具有审计师背景的客户发生专业判断冲突时,不仅难以指望得到此前同行的支持,反而可能遇到更大的审计谈判难度(与没有发生过审计师角色转换的客户相比)。

(三)未来的研究方向

需要说明的是,本文的受试者尚未处在实际的会计人员或审计人员岗位,尚且表现出明显的适应社会情境的行为倾向。那么可以合理推断,如果以实务人士作为受试者,对处于真正的会计人员或审计人员岗位的个体,其感受到的来自特定角色和社会情境的要求会更加强烈,从而很可能更加支持本文的假设。这意味着本文目前的实验证据可能是相对保守的结果。[17]

本文初步识别了个体在会计专业判断领域中的跨情境不一致性。我们也注意到,在不同个体之间,其会计专业判断的跨情境不一致幅度存在着差异。虽然受试者处于某一方角色时的态度倾向能够部分地解释该受试者的跨情境不一致幅度(比如 $ATTITUDE_{DIFF}$ 与 $ATTITUDE_1$ 显著正相关,与 $ATTITUDE_2$ 显著负相关),但未来的研究有必要进一步考察还有哪些其他的解释因素。此外,本文的证据来自中国受试者,我们尚不清楚不同文化下的受试者在进行会计专业判断时是否会表现出类似的跨情境不一致性。

参 考 文 献

[1] 王登峰、崔红,2006,行为的跨情境一致性及人格与行为的关系——对人格内涵及其中西方差异的理论与实证分析,《心理学报》,第38卷第4期,第543—552页。

[2] 杨明增、张继勋,2007,审计判断中的锚定效应研究,《审计研究》,第4期,第43—47页。

[3] 张继勋,2002,审计判断研究:回顾与前瞻,《审计研究》,第1期,第17—21页。

[4] 张继勋、杨明增,2008,审计判断中代表性启发法下的偏误研究——来自中国的实验证据,《会计研究》,第1期,第73—80页。

[5] 中国证监会上市公司监管部,2005,《上市公司2004年年报事后审核分析报告集》。

[6] Agoglia, C. P., T. Kida and D. M. Hanno, 2003, The effects of alternative justification memos on the judgments of audit reviewees and reviewers, *Journal of Accounting Research*, 41 (1), 33—46.

[7] Ashton, R. H., 1974, An experimental study of internal control judgments, *Journal of Accounting Research*, 12 (1), 143—157.

[8] Ashton, R. H. and S. S. Kramer, 1980, Students as surrogates in behavioral accounting research: Some evidence, *Journal of Accounting Research*, 18 (1), 1—15.

[9] Figueredo, A. J., J. A. Sefcek, G. Vásquez, B. H. Brumbach, J. E. King and W. J. Jacobs, 2005, Evolutionary personality psychology. In Buss, D. M., (Ed.), *Handbook of Evolutionary Psychology* (pp. 851—877). Hoboken, NJ: Wiley.

---

[17] 考虑到本研究考察问题的道德敏感性以及实务受试者可能更具防御性(或更加缺乏对研究者的信任),即使问卷采用匿名方式,我们也难以确定实务受试者是否会如实表达在不同社会情境下的会计处理倾向。当然,未来的研究仍然可以尝试对实务受试者进行测试。

[10] Figueredo, A. J., P. R. Gladden, G. Vásquez, P. S. A. Wolf and D. N. Jones, 2009, Evolutionary theories of personality. In Corr, P. J., & Matthews, G., (Eds.), *Cambridge Handbook of Personality Psychology: Part IV. Biological Perspectives* (pp. 265—274). Cambridge, UK: Cambridge University.

[11] Fogarty, T. J., 1996, The imagery and reality of peer review in the U. S.: Insights from institutional theory, *Accounting, Organizations and Society*, 21 (2/3), 243—267.

[12] Gibbins, M., S. Salterio and A. Webb, 2001, Evidence about auditor-client management negotiation concerning client's financial reporting, *Journal of Accounting Research*, 39 (3), 535—563.

[13] Lennox, C., 2005, Audit quality and executive officers' affiliations with CPA firms, *Journal of Accounting and Economics*, 39 (2), 201—231.

[14] Libby, R. and J. Luft, 1993, Determinants of judgment performance in accounting settings: Ability, knowledge, motivation, and environment, *Accounting, Organizations and Society*, 18 (5), 425—450.

[15] Menon, K. and D. D. Williams, 2004, Former audit partners and abnormal accruals, *The Accounting Review*, 79 (4), 1095—1118.

[16] Mischel, W., Y. Shoda and R. E. Smith, 2004, *Introduction to Personality: Toward An Integration*, 7th edn. Hoboken, NJ: John Wiley & Sons.

[17] Nelson, M. and H. T. Tan, 2005, Judgment and decision making research in auditing: A task, person, and interpersonal interaction perspective, *Auditing: A Journal of Practice and Theory*, 24 (Supplement), 41—71.

[18] Shaw, M. and P. Costanzo, 1982, *Theories of Social Psychology* (2nd ed.). New York: McGraw-Hill.

[19] Smith, M., 1999, Personality issues and their impact on accounting and auditing, *Managerial Auditing Journal*, 14 (9), 453—460.

[20] Tsui, J. S. L. and F. A. Gul, 1996, Auditors' behaviour in an audit conflict situation: A research note on the role of locus of control and ethical reasoning, *Accounting, Organizations and Society*, 21, 41—51.

[21] Zimbardo, P. G., 2007, *The Lucifer Effect: Understanding How Good People Turn Evil*. New York: Random House.

Cross-Situational Inconsistency of Accounting Judgment: An Empirical Test

Xi Wu

(Central University of Finance and Economics)

Le Luo

(Peking University)

Abstract Objective assessment of auditor's work helps to improve audit quality and the environment of public accounting profession. The assessment of auditor's work often involves peer auditors and external parties such as regulators, investors, and the common public. During an audit, the auditor and the client management may have different judgments about the same accounting issue, which could be resolved through negotiation (Gibbins et al., 2001). The third party, however, need to make his/her own judgment to assess the auditor's work.

Standard setters and regulators normally require the accounting standards being interpreted and applied consistently among accounting and auditing practitioners. This suggests that such interpretations and judgments should be consistent both among individuals and within each individual (either as an auditor, a client manager, or a third-party assessor). Specifically, an underlying assumption is that each individual has his/her very own judgment given an accounting issue.

In prior accounting judgment literature, researchers have attempted to understand the differences in accounting judgments and attributed such differences to cross-sectional differences in cognitive ability, knowledge, environment, incentive, and personality (Libby and Luft,1993; Smith,1999; Nelson and Tan, 2005). For the same individual, the literature also suggests that the judgment is quite stable over time (Ashton,1974). However, the evidence is confined to judgments made by individuals acting in a single role (e. g., an auditor). It is not known whether the conclusion holds if an individual makes judgments across situations (or even confrontational roles).

In personality psychology, it is one of the most hotly debated topics that whether an individual's personality is consistent over time or across situations (Figueredo et al., 2005, p. 858). There are two incentives inside an individual, i.e., inner consistency and situational adaptation; while the external behavior of an individual is affected simultaneously by these two motives. When the inner consistency motive is stronger (weaker) than the situational adaptation motive, an individual is more likely to exhibit cross-situational consistency (inconsistency). In the area of accounting judgment research, no direct empirical evidence has been available regarding the existence of cross-situational (in)consistency.

Using experimental questionnaires collected from 261 third-year undergraduates, our study shows that a subject expresses more support to the auditee (auditor) when the subject role-plays a preparer (an auditor) of financial information. Our evidence suggests that with regard to the accounting judgment behavior, the incentive for adapting to the environment dominates the incentive for inner consistency, thus leading to an individual's cross-situational inconsistency.

This study contributes to prior literature in a number of ways. First, it helps to better understand the characteristics of accounting judgment by providing a psychological interpretation. Second, we demonstrate the potentially fundamental challenge to accounting standard implementation by showing a lack of consistent accounting interpretation even within a single individual. Third, our evidence suggests that an objective assessment of auditor's work may be difficult because the assessor's judgment can be sensitive to the situation to which the assessor belongs. Finally, our findings help to understand the consequences of a revolving door practice. Specifically, a client manager with a previous auditor experience may be less expected to be supportive to an incumbent auditor's position, given the change of situations faced by the previous auditor (who now becomes a financial statement preparer).

Key words Personality Characteristics, Cross-situational Inconsistency, Accounting Professional Judgment, Auditor-client Conflicts

危机冲击、信息解读与信息披露：
基于金融危机的证据

金 智 刘宝华 罗 宏[*]

摘　要　以2008年的金融危机为契机，本文考察了危机冲击如何影响投资者的信息解读，并结合危机冲击对公司信息披露的影响，进一步分析了在危机冲击下投资者信息解读的合理性。结果表明，在危机冲击下，投资者更倾向于将可操纵性应计盈余理解成管理者机会主义行为的结果，而不是管理者向市场传递未来现金流信息的一种工具，从而降低了可操纵性应计盈余的价值相关性。并且，当公司属于非国有企业或者非管制行业时，将有利于减弱危机冲击对投资者信息解读的负面影响；同时，结合危机冲击对公司信息披露的影响，本文进一步的分析表明，在金融危机的冲击下，公司并未披露更低质量的会计盈余。这说明，在危机冲击下，投资者对可操纵性应计盈余的估值更低，不是因为盈余质量更差，在很大程度上是因为市场低迷的悲观情绪影响了投资者对盈余信息的解读；并且，这种影响既不利于投资者适当地对公司进行估价，也将影响资本市场的资源配置效率。

关键词　危机冲击　信息解读　信息披露

一、引　言

在股票市场中，信息经投资者解读之后，通过交易并入股票价格，从而引导资本资源的配置。所以，投资者如何解读市场信息，很大程度上决定了股票市场资源配置的效率。关于信息解读的相关研究，大量文献基于行为金融学理论，从投资者情绪和投资者有限注意的角度研究信息解读对股票定价的作用。整体而言，这些文献都将研究期间限定于外部经济环境相对稳定的时期，而未考虑在外部宏观经济环境受到巨大冲击的情况下，投资者如何解读信息这一问

---

[*] 西南财经大学会计学院。通信作者：金智，E-mail：09001-jz@163.com。感谢国家自然科学基金项目"董事会的权力结构：影响因素与经济后果"（71272196）、广东省人文社科重点研究基地重大项目"董事会结构、运作与绩效研究"（2012JDXM-0002）、国家自然科学基金项目"会计准则国际趋同与中国资本市场：制度、治理与市场微观结构"（71302185）、教育部人文社会科学研究青年基金项目（项目批准号：13YJC790060）和基于国际竞争力的中国企业成本管理创新团队（JBK130508）的资助。感谢匿名审稿人提出的建设性意见，当然，文责自负。

题。但是,不可忽视的现实情况是,1929年的美国经济危机、1998年的亚洲金融危机以及2008年的全球性金融危机,既说明了危机冲击的存在性,也揭示了危机冲击对整个资本市场的影响。那么,危机冲击将如何影响投资者的信息解读呢?对这一问题的解答,不但有利于指导投资者在危机期间做出更理性的投资决策,还能够为监管者在危机期间适当调整监管行为提供参考。因此,以2008年的金融危机为契机,本文尝试考察危机冲击如何影响投资者的信息解读;并且,为了理解投资者的信息解读是否理性,本文还结合危机冲击对公司信息披露的影响,进一步分析在危机冲击下投资者信息解读的合理性。

公司价值是公司未来创造的系列现金流的折现,盈余是公司未来现金流最好的预测指标。所以,盈余信息的解读是公司价值分析中最为关键的环节。盈余信息的生成是管理者在既定的会计准则下,应用专业的会计操作和职业判断的结果。它一方面有较强的专业技术性,另一方面还融入了管理者的主观判断。这种主观判断既可能是对管理者机会主义行为的掩盖,也可能是公司未来价值信息的传递。所以,投资者能否准确地解读盈余信息对资本市场的资源配置效率具有重要影响。本文就是以公司盈余信息为切入点,考察危机冲击对投资者信息解读的影响。

公司盈余可分解成可操纵性应计盈余、非操纵性应计盈余和现金流盈余三个部分,其中可操纵性应计盈余是最容易被管理者操纵的部分,也是盈余信息分析的重点。股价是投资者对市场信息解读的综合反映,所以本文以修正Jones模型计算的可操纵性应计盈余的价值相关性考察市场投资者如何解读盈余信息。结果发现,在危机冲击下,投资者更倾向于将可操纵性应计盈余理解成管理者机会主义行为的结果,而不是管理者向市场传递未来盈余信息的一种工具,从而降低了可操纵性应计盈余的价值相关性。并且,与非国有企业、非管制行业的公司相比,投资者认为在危机冲击下,国有企业、管制行业的公司的可操纵性应计盈余更可能是管理者机会主义行为操纵的结果,而不是传递未来现金流信息的工具;同时,从地区差异的角度而言,在金融危机的冲击下,沿海地区的公司并未因市场化程度更高而比内陆地区的公司表现出更高的应计盈余价值相关性,其原因是沿海地区受到金融危机的冲击较大,投资者倾向于认为沿海地区公司的可操纵性应计盈余更可能是管理者机会主义行为的结果,从而抵消了沿海地区高市场化程度对可操纵性应计盈余价值相关性的正面作用;最后,本文还结合危机冲击对公司信息披露的影响,进一步分析在危机冲击下投资者信息解读的合理性。结果发现,危机冲击下的公司盈余质量并没有更差,甚至在一定条件下反而表现出更高的盈余质量。这说明,在危机冲击下,投资者对可操纵性应计盈余的低估,并非因为盈余质量更差,而很可能是市场低迷的悲观情绪影响了投资者对盈余信息的解读。

本研究的贡献:其一,以2008年金融危机为契机,本文考察了危机冲击对投资者信息解读的影响,从一个新的视角揭示了投资者情绪对信息解读及公司估值的影响,有利于丰富现有行为金融学的相关文献。更具体而言,本文通过考察宏观经济环境的变化如何影响市场对应计盈余的理解,有利于拓展我国资本市场应计异象影响因素的相关文献。其二,姜国华、饶品贵(2011)提出应重视宏观经济环境与微观企业行为的影响,现有这类研究尚少,本文通过考察宏观经济波动如何影响微观企业的信息披露行为及其市场投资者对微观企业的信息解读,有利于丰富这一类文献。其三,本文对投资者的一个重要启示是,在危机期间,由于市场悲观情绪而使投资者低估公司价值,所以投资者在此期间更能通过对公司的基础分析而获得套利机会。

本文后面部分的安排是:第二部分是文献回顾与理论分析;第三部分是研究设计;第四部分是样本选择与描述性统计分析;第五部分是实证结果及分析;第六部分是研究结论与启示。

二、文献回顾与理论分析

本部分的分析框架:首先,简要回顾信息解读及应计盈余构成的相关文献,并分析危机冲击如何影响投资者的信息解读;然后,分析不同的产权属性和行业特征如何影响危机冲击对投资者信息解读的作用;最后,分析了地区差异如何影响金融危机冲击对投资者信息解读的作用。

在市场普遍诟病财务报表并不能为公司估值提供应有的实际价值时,Ball and Brown(1968)验证了盈余信息在资本市场的有用性。盈余信息是既定的会计规范与职业判断共同作用的结果,既具有较强的专业性,对公司估值也具有重要意义。市场投资者能否解读其背后的含义呢?Sloan(1996)的研究表明,投资者并不能正确地解读盈余信息。李远鹏、牛建军(2007)和宋云玲、李志文(2009)的研究也表明,中国资本市场的投资者不能准确地解读盈余信息,从而存在明显的应计异象。权小锋、吴世农(2012)从行为金融学的角度进一步研究表明,投资者不能正确解读盈余信息而导致的应计异象与投资者的有限注意密切相关。这些文献都是以外部经济环境相对稳定的时期为研究对象,而未考虑当外部宏观经济环境受到重大冲击时,投资者将如何解读信息这一问题。2008年金融危机不但对中国实体经济产生了巨大的冲击,对市场投资者的信心也是沉重的打击。在萧条笼罩的阴霾下,投资者如何解读盈余信息呢?

相比现金收付制,应计会计能更及时和更有效地实现收入与费用之间的配比,从而使应计制下的盈余比现金收付制下的盈余能更好地反映公司业绩(Dechow,1994);但是,面对企业经济事项多样化的动态特征,会计准则不可能将企业所有经济事项明确地加以规范,从而不可避免地为管理者预留了大量的主观判断空间。因此,在应计会计中,管理者可通过这种主观判断向市场传递有关公司预期现金流量的私有信息,也可利用这种主观判断进行机会主义行为的盈余操纵(Subramanyam,1996)。对于应计会计向市场传递私有信息,其理论基础是管理者比外部的利益相关者拥有更多关于公司未来现金流的信息,管理者完全能够通过应计会计将这些私有信息融入利润指标,从而改进盈余对公司业绩的衡量,即信息传递假设;对于机会主义行为的应计盈余操纵,其理论基础是自利的管理者通过应计会计的主观判断空间操纵盈余,以掩盖其机会主义行为,即机会主义行为假设。

基于应计制的会计盈余由三个部分构成:经营活动现金流量(CFO)、非操纵性应计盈余(NDA)和可操纵性应计盈余(DA),在这三者中,管理者主观判断主要体现于可操纵性应计盈余。在信息传递假设的前提下,管理者比外部利益相关者拥有更多关于公司预期现金流的私有信息,这些私有信息在既定的会计准则下难以直接反映于会计数字,管理者需要根据主观判断将这类私有信息通过可操纵性应计盈余传递给其他市场主体;在机会主义行为假设前提下,当管理者与投资者目标不一致时,自利的管理者借助会计准则存在的职业判断空间,在可操纵性应计盈余中融入大量非正当的主观判断,以达到掩盖其机会主义行为的目的(Healy and Palepu,1993)。如果投资者将可操纵性应计盈余理解成管理层传递公司未来现金流信息的工具,将会提高可操纵性应计盈余的价值相关性;相反,如果投资者将可操纵性应计盈余理解成管理层机会主义行为的结果,将降低可操纵性应计盈余的价值相关性。

如前所述,2008 年金融危机对中国实体经济和资本市场都是一个强烈的负面冲击,全球经济萧条的阴影不但为中国上市公司业绩带来了严重的负面影响,对市场投资者的信心更是沉重的打击。可操纵性应计盈余包含着管理者大量的主观判断,这种主观判断既可以是管理者向市场传递未来现金流信息的手段,也可以是管理者机会主义行为操纵的结果,其所反映的信息如何融入股价,取决于市场投资者对管理者会计选择动机的理解(Choi et al.,2011)。首先,作为一个重大的负面冲击,2008 年金融危机的市场冲击致使经济萧条,公司业绩大幅下滑,市场信心随之跌入低谷,加之监管当局对利润指标的刚性要求,市场倾向于认为此时的管理者,比在非金融危机期间更有动机通过可操纵性应计盈余进行机会主义行为的盈余管理,以粉饰大幅下滑的业绩,进而应付监管和尽量避免市场对公司失去信心。比如,避免连续亏损的特别处理、满足债务契约的基本要求。同时,在金融危机期间,社会各界(尤其是金融界)对会计的诸多指责,似乎要让会计成为这次危机的替罪羊(刘峰,2009),媒体此类舆论无疑会降低市场参与者对会计数字的信任,致使市场更加倾向于认为,管理者在可操纵性应计盈余中融入的主观判断,更可能是一种机会主义行为的盈余操纵,而不是传递预期现金流的信息交流,从而减弱了可操纵性应计盈余的价值相关性。因此,相比非金融危机期间,危机冲击下的投资者更倾向于将可操纵性应计盈余理解为管理层机会主义行为的结果,而不是传递未来现金流信息的工具。但是,对非操纵性应计盈余而言,由于其是基于相对严格规定的具体会计规则,难以融入管理者的主观判断,从而减少了机会主义操纵的空间,所以金融危机的市场冲击对投资者理解非操纵性应计盈余的影响并不明显。综上分析，本文提出假设：

假设1 相比非金融危机期间，金融危机的市场冲击促使投资者更倾向于将可操纵性应计盈余理解成管理者机会主义行为的结果，而非传递未来现金流信息的工具，从而导致可操纵性应计盈余的价值相关性更低。

在金融危机期间，一方面，经济萧条致使公司业绩大幅下滑；另一方面，政府强烈号召"保八"的经济目标[1]。作为国家经济发展的重要力量，国有企业对此目标有着义不容辞的责任。而且，政府通常以行政方式任免、考核或晋升国有企业的核心高管，公司规模及其账面利润在其考核方式中占据重要地位（廖冠民和张广婷，2012），从而使国有企业管理者在金融危机期间，更有动机以一切可能的方式提高公司的账面业绩。那么，作为盈余构成的一个重要组成部分，市场将如何解读金融危机期间不同产权属性的公司的可操纵性应计盈余呢？

根据预算软约束理论，政府和国有企业之间关系密切，政府对国有企业的"父爱主义"使国有企业比非国有企业更能得到政府支持之手的保护，而且这种支持之手效应在社会主义国家更为突出（Kornai et al., 2003；林毅夫和李志赟，2004）。长期以来，由于政府对国有企业的一贯保护，市场普遍认为这种保护对国有企业的发展至少存在两种不良影响：其一，在政府的长期保护下，国有企业抵抗外部风险的能力减弱，所以，在金融危机期间，国有企业为了达到上级提出的经济目标，更可能通过机会主义行为操纵公司账面利润；其二，政府对国有企业的保护，将减弱资本市场监管对其盈余操纵动机的威慑，使其盈余操纵的成本更低。因此，在金融危机期间，市场更可能认为，国有企业比非国有企业更可能通过可操纵性应计盈余虚增利润，以达到上级提出的经济目标。所以，在金融危机期间，相比非国有企业，投资者倾向于认为国有企业的可操纵性应计盈余更可能是管理者机会主义行为的结果，从而降低了可操纵性应计盈余的价值相关性。

通常情况下，管制行业的公司以政府保护带来的行业租金维持着高绩效，而非管制行业的公司在激烈的市场竞争中，依靠提高经营效率和改善公司治理来提高公司绩效。当面临金融危机的冲击时，管制行业的公司因受政府保护而缺乏竞争的锤炼和改善公司经营效率的动力，长期积累下来的各种弊端使其难以应对突如其来的危机冲击，从而导致市场投资者对其信心大跌。但是，非管制行业的公司，由于长期以来接受市场的考验，并不断地改善经营效率，从而更能适应环境。因此，当面临金融危机的冲击时，相比非管制行业的公司，投资者倾向于认为管制行业的公司可操纵性应计盈余更可能是非正常性收益，从而更

---

[1] http://www.cfen.com.cn/web/cjb/2010-01/07/content_597333.htm

加不可持续。

假设2 相比非国有企业,市场投资者更倾向于将国有企业的可操纵性应计盈余理解成管理层机会主义行为的结果,也即金融危机的市场冲击对国有企业的可操纵性应计盈余价值相关性的负面影响更大;相比非管制行业的公司,金融危机的市场冲击对管制行业的公司可操纵性应计盈余价值相关性的负面影响更大。

不同地区在地理环境、政策取向和经济条件等方面存在差异,导致我国各地区之间的市场环境存在较大差异。Ball,Robin and Wu(2003)的研究表明,不同的市场环境会衍生出不同的财务报告动机,这些财务报告动机对盈余的信息质量具有重要影响。在投资者保护薄弱的市场环境中,管理者更容易产生机会主义行为(La Porta et al.,1997),并且更有动机通过盈余管理的手段掩盖其机会主义行为(Leuz et al.,2003)。那么,在我国各地区不同的市场环境下,金融危机的市场冲击对应计盈余价值相关性的影响会产生何种差异呢?

市场化改革首先在沿海地区进行,并且在政策上也倾斜于这些地区,从而导致沿海地区的市场化程度明显高于内陆地区。如果2008年的金融危机对我国各地区实体经济产生了同等程度的冲击,将会导致如下结果:在金融危机的冲击下,实体经济急速衰退,严重挫伤了市场对公司业绩的预期;而且,市场环境越差,法律执行效率越低,监管越薄弱,所以市场投资者会倾向于认为,这种地方的公司管理者为了达到利润监管的要求或引导股价的积极反应,更可能利用应计盈余所包含的主观判断空间进行利润操纵,而不是利用应计盈余向市场传递预期现金流信息,从而降低了应计盈余的价值相关性。因此,在金融危机期间,与内陆地区的公司相比,沿海地区的公司所处市场环境更好,市场投资者更少可能将其可操纵性应计盈余理解成管理者机会主义行为的结果,从而呈现出更高的价值相关性。

但是,如果2008年的金融危机对我国各地区实体经济产生了不同程度的冲击,则会导致另一种结果:沿海地区的公司其业务主要是出口依赖型,相比以内销为主的公司而言,金融危机更大程度地影响了我国沿海地区的公司。在金融危机期间,广东、浙江及江苏等沿海地区陆续出现了大批公司倒闭的现象,说明金融危机对我国沿海地区经济的冲击明显大于内陆地区。所以,从这一角度而言,市场投资者倾向于认为,为了达到利润监管的要求或引导股价的积极反应,沿海地区的公司管理者更可能通过可操纵性应计操纵利润,从而降低了可操纵性应计盈余的价值相关性。综上分析可知,在金融危机期间,一方面,更高的市场化程度会使沿海地区的公司比内陆地区的公司产生更高的可操纵性应计盈余价值相关性;另一方面,更大的危机冲击又会抵消沿海地区高市场化程度对沿海地区公司的可操纵性应计盈余价值相关性的正面作用;最终呈现的结果取决于其中何种因素的作用力更大。因此,本文对这一问题提出竞争性假设:

假设 3a 与内陆地区的公司相比,金融危机的冲击对沿海地区的公司可操纵性应计盈余价值相关性的负面影响更小。

假设 3b 与内陆地区的公司相比,金融危机的冲击对沿海地区的公司可操纵性应计盈余价值相关性的负面影响更大。

三、研究设计

本文研究设计的构想是:首先,以修正的 Jones 模型计算可操纵性应计盈余和非操纵性应计盈余,并以当年 5 月至下年 4 月经市场调整后的个股月度回报计算的年度回报衡量公司市场回报;然后,以公司市场回报作为因变量,以可操纵性应计盈余与金融危机变量的交互项作为解释变量,并以其他变量或其相关交互项作为控制变量,设定模型对金融危机下的市场冲击如何影响可操纵性应计盈余的价值相关性进行回归分析,以考察危机冲击如何影响投资者的信息解读;考虑到产权属性、行业管制以及公司所在地区差异对危机冲击与应计盈余价值相关性的作用存在影响,本文以三变量(公司是否地处沿海地区、金融危机与可操纵性应计盈余)的交互项,或者按产权属性、行业管制及地区进行分组,再进行多元回归分析,以进一步考察它们如何影响危机冲击对应计盈余价值相关性的作用。此外,为了理解投资者的信息解读是否理性,本文还在拓展性分析中结合危机冲击对公司信息披露的影响,进一步分析在危机冲击下投资者信息解读的合理性。

(一)可操纵性应计盈余和非操纵性应计盈余的衡量

本文参照 Dechow,Sloan and Sweeney(1995)的修正 Jones 模型,计算可操纵性应计盈余,具体步骤为:首先,应用模型(1)分年度和分行业进行回归,然后将估计所得的回归系数代入模型(2),计算可操纵性应计项($DA_{i,t}$);其次,以总应计项与可操纵性应计项之差衡量非操纵性应计盈余,并且均以上期资产总额标准化。其中,TA 为总应计项,等于营业利润减去经营活动现金净流量;Asset 为资产总额;ΔREV 为销售收入变动额;ΔREC 为应收账款变动额;PPE 为固定资产原值。

$$\frac{TA_{i,t}}{Asset_{i,t-1}} = \alpha_1 \frac{1}{Asset_{i,t-1}} + \alpha_2 \frac{\Delta REV_{i,t}}{Asset_{i,t-1}} + \alpha_3 \frac{PPE_{i,t}}{Asset_{i,t-1}} + \varepsilon_{i,t} \quad (1)$$

$$DA_{i,t} = \frac{TA_{i,t}}{Asset_{i,t-1}} - \left(\hat{\alpha}_1 \frac{1}{Asset_{i,t-1}} + \hat{\alpha}_2 \frac{\Delta REV_{i,t} - \Delta REC_{i,t}}{Asset_{i,t-1}} + \hat{\alpha}_3 \frac{PPE_{i,t}}{Asset_{i,t-1}}\right) \quad (2)$$

(二)金融危机的衡量

参考连燕玲等(2012)对金融危机期间的划分,本文将 2008 年和 2009 年定义为金融危机期间,2007 年、2010 年和 2011 年定义为非金融危机期间[2];同时,为了实证结论的稳健性,本文还设置了另一个金融危机变量,即定义 2008 年、2009 年和 2010 年为金融危机期间,2007 年和 2011 年为非金融危机期间。

(三) 模型设定

公司盈余可分解成可操纵性应计盈余、非操纵性应计盈余和现金流盈余三个部分,其中操纵性应计是最容易被管理者操纵的部分,也是盈余信息分析的重点。而股价是投资者对市场信息解读的综合反映,所以本文以可操纵性应计盈余的价值相关性考察市场投资者如何解读盈余信息。在 Choi et al. (2011) 检验模型的基础之上,本文构建模型(3)进行回归分析;其中,因变量是公司市场回报(RET),主要解释变量是金融危机的虚拟变量(CRISIS)与可操纵性应计盈余(DA)的交互项(CRISIS×DA);根据上文的理论分析,本文预期可操纵性应计盈余(DA)系数符号为正,而其与金融危机虚拟变量的交互项(CRISIS×DA)系数符号为负;同时,为了检验产权属性、行业管制以及公司所在地区差异如何影响危机冲击对应计盈余价值相关性的作用,本文采用分组或交互项的方式,分别考察它们如何影响危机冲击对可操纵性应计盈余价值相关性的作用,具体见实证分析部分。本文变量具体定义见变量说明表 1。

$$RET_{i,t} = \alpha_0 + \alpha_1 CRISIS_{i,t} + \alpha_2 DA_{i,t} + \alpha_3 CRISIS_{i,t} \times DA_{i,t} + \alpha_4 NDA_{i,t}$$
$$+ \alpha_5 CRISIS_{i,t} \times NDA_{i,t} + \alpha_6 CFO_{i,t} + \alpha_7 CRISIS_{i,t} \times CFO_{i,t}$$
$$+ \alpha_8 MV_{i,t} + \alpha_9 BM_{i,t} + \alpha_{10} PE_{i,t} + \alpha_{11} BETA_{i,t} + IND_{i,t} + \varepsilon_{i,t} \quad (3)$$

(四) 变量说明

表 1 是变量说明表,对本文回归模型中所有变量进行了相应的定义。

表 1 变量说明表

1. 因变量	
RET	衡量公司市场回报,等于当年 5 月至下年 4 月经市场调整后的个股月度回报计算的年度回报率
2. 解释变量	
CRISIS	衡量危机冲击,当处于金融危机期间即 2008 年或 2009 年时取 1,否则等于 0
CRISIS_2	衡量危机冲击,当处于金融危机期间即 2008 年、2009 年或 2010 年时取 1,否则等于 0
DA	衡量可操纵性应计盈余,由模型(1)和模型(2)计算所得,详见"研究设计"部分
NDA	衡量非操纵性应计盈余,等于总应计与可操纵性应计盈余之差,且经上期资产总额标准化

---

[2] 当然,本文也认为金融危机期间的定义存在局限性。但是,根据笔者所掌握的资料判断,2008 年 11 月,四万亿救助计划的颁布,说明政府意识到此次金融危机已对 2008 年实体经济造成了严重影响,并且救助计划执行和产生效果需要滞后一定时间,所以 2009 年理应受到金融危机的严重影响。因此,在找不到其他更好的衡量方法的情况之下,本文选择该种金融危机的衡量方式。

(续表)

3. 控制变量	
MV	公司市值,等于个股的发行总股数与年收盘价的乘积
BM	账面市值比,等于期末总资产的账面价值与市场价值之比
PE	市盈率,等于每股市价与每股收益之比
BETA	贝塔值,个股年度内各月贝塔值之均值
SIZE	企业规模,等于企业资产总额的对数
LEV	财务杠杆,等于企业资产负债率
ROA	盈利能力,等于净利润除以资产总额
CFO	营业现金流量,等于经营活动现金净流量除以上期资产总额
STATE	产权属性,当国有控股时,等于1,否则等于0
CENTRAL	股权集中度,等于第一大股东的持股比例
BOARD	董事会独立性,等于独立董事占董事总人数的比例
REG	虚拟变量,管制行业[3]等于1,非管制行业等于0
ZONE	沿海地区,当企业所在地为广东、福建、江苏、浙江和上海时,等于1,否则等于0
DUAL	衡量两职合一,当董事长和总经理为同一人时,等于1,否则等于0

四、样本选择与描述性统计分析

(一)样本选择

本文以中国 A 股 2007—2011 年非金融类上市公司为研究样本,在剔除了资产负债率大于1和数据缺失的观测值后,总共获得7 471个观测值,2007年到2011年依次为1 291个、1 381个、1 460个、1 604个和1 735个。此外,本文采用Winsorize(1%)方法对变量的极端值进行处理。本文的公司财务数据、公司治理数据来自国泰安(CSMAR)数据库或色诺芬数据库。

(二)描述性统计分析

表2报告了本文变量的描述性统计结果。公司市场回报(RET)的均值和标准差分别为0.075 0和0.343;可操纵性应计盈余(DA)的均值和标准差分别为0.010 4和0.096 7;非操纵性应计盈余(NDA)的均值和标准差分别为-0.020 8和0.039 8;经营现金流量(CFO)的均值和标准差分别为0.062 5和0.109;这四个指标的共同特征是标准差都远高于其均值的绝对值,说明样本公司之间的市场

---

[3] 参考夏立军、陈信元(2007)设定管制行业的标准,本文将(1)采掘业;(2)石油、化学、塑胶、塑料;(3)金属、非金属;(4)电力、煤气及水的生产和供应业;(5)交通运输、仓储业等关乎国计民生、国家经济命脉及国家安全的行业界定为管制行业。

回报、可操纵性应计盈余、非操纵性应计盈余和经营现金流量差异较大。最后，从表2可知，在采用Winsorize(1%)方法对变量的极端值进行处理之后，其他控制变量值都在正常范围之内。

表2 变量描述性统计分析

变量	观测值	均值	标准差	MIN	P25	P50	P75	MAX
RET	5220	0.0750	0.3430	−0.49700	−0.15600	0.01080	0.228000	1.439
DA	5220	0.0104	0.0967	−0.30400	−0.04100	0.00374	0.052600	0.329
NDA	5220	−0.0208	0.0398	−0.50500	−0.03880	−0.01800	−0.000678	0.443
CFO	5220	0.0625	0.1090	−0.35100	0.00881	0.05770	0.116000	0.494
MV	5220	22.4400	1.0500	19.34000	21.72000	22.32000	23.040000	28.000
BM	5220	0.6340	0.2590	0.19700	0.42600	0.61800	0.830000	1.179
PE	5220	98.7800	146.1000	4.06100	25.29000	44.52000	92.930000	730.800
BETA	5220	1.0050	0.3110	−0.56400	0.85700	1.00200	1.141000	7.703
CRISIS	5220	0.3830	0.4860	0	0	0	1.0000	1.000
SIZE	7471	21.6600	1.2610	15.47000	20.81000	21.52000	22.370000	28.140
LEV	7471	0.4820	0.2060	0.00708	0.33200	0.49400	0.639000	1.000
ROA	7471	0.0401	0.0634	−0.33500	0.01400	0.03720	0.066700	0.295
STATE	7471	0.5980	0.4900	0	1.00000	1.00000	1.000000	1.000
CENTRAL	7471	0.3630	0.1540	0.03500	0.23900	0.34500	0.477000	0.894
BOARD	7471	0.3640	0.0520	0.09090	0.33300	0.33300	0.375000	0.800
DUAL	7471	0.1780	0.3830	0	0	0	0	1.000

五、实证结果及分析

本文实证分析的思路为：首先，在未控制其他影响因素的情况下，分析各主要变量之间的相关性；然后，在控制其他影响因素的情况下，对模型(3)进行多元回归分析；并且，分别从盈余管理方向、产权属性、行业管制与地区差异的角度，分析了金融危机冲击如何影响应计盈余的价值相关性；最后，进一步以下文的模型(4)考察公司在危机冲击下的信息披露行为。

（一）相关系数分析

表3报告了主要变量的相关系数：经营活动现金流量(CFO)与公司市场回报(RET)的相关系数显著为正，说明经营活动产生的现金流越多，公司市场回报越高；而可操纵性应计盈余(DA)与市场回报的系数不显著，这可能暗示着它们在金融危机期间与非金融危机期间存在相反的相关性，从而抵消了两者之间

相关系数的显著性。同时,表3还报告了其他主要变量相互之间的相关系数。

表 3 相关系数表

变量	RET	CRISIS	DA	NDA	CFO	MV	BM	PE	BETA
RET	1								
CRISIS	0.031***	1							
DA	0.0100	0.598***	1						
NDA	−0.096***	−0.062***	−0.034***	1					
CFO	0.101***	−0.347***	−0.612***	−0.260***	1				
MV	−0.028**	−0.0140	0.024**	0.072***	0.135***	1			
BM	−0.094***	0.00100	0.0180	0.047**	−0.138***	0.121***	1		
PE	−0.00800	−0.042**	−0.104***	−0.079***	−0.112***	−0.185***	−0.239***	1	
BETA	−0.0100	−0.033**	−0.038***	−0.0100	−0.100***	−0.195***	0.00400	0.113***	1

注:*、** 和 *** 分别表示10%、5%和1%的显著性水平。

(二) 危机冲击与信息解读:基于整体的视角

表4报告了从整体视角分析金融危机的市场冲击如何影响投资者对可操纵性应计盈余的信息解读。首先,表4的回归(1)和回归(4)分别通过从DA及其绝对值DA_ABS的角度对全体样本进行回归分析,结果发现DA和DA_ABS的系数均显著为正,且它们与危机冲击变量的交互项CRISIS×DA和CRISIS×DA_ABS均显著为负,与本文假设1的理论预期一致,说明危机冲击使投资者认为可操纵性应计盈余更可能是管理层机会主义行为的结果;其次,盈余管理可分为正向盈余管理和负向盈余管理,在金融危机期间,公司业绩下滑,市场预期正向盈余管理的公司的可操纵性应计盈余更可能是机会主义行为,而对此时的负向盈余管理,可能视为管理者对未来业绩下滑的理性预期,也即不同方向的盈余管理可能存在不同的内在机理。因此,表4的回归(2)和回归(3)按盈余管理的正负划分样本,然后进行回归分析,结果发现在正向盈余管理组的回归中,DA的系数显著为正,并且CRISIS×DA的系数显著为负,与本文假设1的理论预期一致,即危机冲击使投资者认为可操纵性应计盈余更可能是管理者机会主义行为的结果;但在负向盈余管理组的回归中,DA的系数和CRISIS×DA的系数均不显著,说明危机冲击并不影响投资者对负向盈余管理的公司的可操纵性应计盈余的理解。表4的回归(5)、回归(6)、回归(7)和回归(8)以CRISIS_2作为金融危机的代理变量,分别重复了上述四组回归,回归(5)、回归(6)、回归(7)和回归(8)中DA和DA_ABS的系数均显著为正,且它们与危机冲击变量的交互项CRISIS_2×DA和CRISIS_2×DA_ABS均显著为负,与本文假设1的理论预期一致,即危机冲击使投资者认为可操纵性应计盈余(包括正向盈余管理和负向盈余管理)更可能是管理者机会主义行为的结果。

表 4 危机冲击与信息解读：基于整体的视角

变量	(1) 全体样本 RET	(2) 正向盈余管理 RET	(3) 负向盈余管理 RET	(4) 全体样本 RET	(5) 全体样本 RET	(6) 正向盈余管理 RET	(7) 负向盈余管理 RET	(8) 全体样本 RET
INTERCEPT	0.228**	0.244	0.138	0.117	0.439***	0.386**	0.446***	0.318***
	(2.15)	(1.56)	(0.85)	(1.10)	(4.11)	(2.47)	(2.76)	(3.00)
CRISIS	0.250***	0.240***	0.308***	0.263***				
	(18.40)	(10.07)	(12.59)	(15.59)				
CRISIS_2					0.251***	0.265***	0.294***	0.260***
					(20.91)	(12.39)	(13.11)	(17.33)
DA	0.595***	0.801***	0.099		0.866***	1.145***	0.519**	
	(5.85)	(5.57)	(0.49)		(6.94)	(5.93)	(2.23)	
DA_ABS				0.466***				0.622***
				(5.17)				(5.35)
CRISIS×DA	−0.784***	−0.811***	−0.037					
	(−4.88)	(−3.54)	(−0.12)					
CRISIS×DA_ABS				−0.519***				
				(−3.49)				
CRISIS_2×DA					−0.909***	−1.066***	−0.728**	
					(−5.84)	(−4.52)	(−2.39)	
CRISIS_2×DA_ABS								−0.598***
								(−4.03)
NDA	0.442**	0.764***	−0.005	0.097	0.615***	0.912***	0.186	0.117
	(2.41)	(3.06)	(−0.02)	(0.56)	(2.70)	(3.27)	(0.51)	(0.52)
CRISIS×NDA	−0.502*	−0.635*	−0.253	−0.039				
	(−1.66)	(−1.66)	(−0.57)	(−0.14)				

（续表）

变量	（1）全体样本 RET	（2）正向盈余管理 RET	（3）负向盈余管理 RET	（4）全体样本 RET	（5）全体样本 RET	（6）正向盈余管理 RET	（7）负向盈余管理 RET	（8）全体样本 RET
CRISIS_2×NDA					−0.778***	−0.737*	−0.784*	−0.285
					(−2.61)	(−1.95)	(−1.71)	(−0.97)
CFO	0.657***	0.644***	0.635***	0.307***	0.946***	0.814***	1.130***	0.427***
	(6.84)	(5.17)	(4.35)	(4.84)	(8.02)	(5.37)	(6.18)	(5.21)
CRISIS×CFO	−0.878***	−0.885***	−0.809***	−0.442***				
	(−5.78)	(−4.73)	(−3.68)	(−4.34)				
CRISIS_2×CFO					−0.931***	−0.742***	−1.252***	−0.412***
					(−6.29)	(−4.04)	(−5.34)	(−3.99)
MV	−0.010**	−0.014**	−0.007	−0.006	−0.025***	−0.027***	−0.025***	−0.021***
	(−2.35)	(−2.20)	(−1.04)	(−1.30)	(−5.65)	(−4.06)	(−3.82)	(−4.68)
BM	−0.149***	−0.122***	−0.199***	−0.161***	−0.075***	−0.056	−0.107***	−0.086***
	(−7.56)	(−4.17)	(−6.98)	(−8.35)	(−3.86)	(−1.94)	(−3.82)	(−4.48)
PE	−0.000	−0.000	−0.000	−0.000**	−0.000	−0.000	−0.000	−0.000**
	(−1.26)	(−0.93)	(−0.86)	(−2.29)	(−1.27)	(−0.79)	(−0.98)	(−2.31)
BETA	−0.001	0.006	−0.034	−0.009	−0.010	−0.002	−0.040	−0.018
	(−0.04)	(0.31)	(−1.37)	(−0.58)	(−0.64)	(−0.11)	(−1.61)	(−1.27)
行业	控制	控制	控制	控制	控制	控制	控制	控制
R^2	0.116	0.112	0.1412	0.112	0.127	0.125	0.150	0.121
N	5 220	2 752	2 468	5 220	5 220	2 752	2 468	5 220

注：(1) 括号中报告值是 T 统计量；(2) *、**和*** 分别表示 10%、5% 和 1% 的显著性水平。

(三) 危机冲击与信息解读：基于产权属性与行业管制的视角

据上文的理论分析可知，公司产权属性的不同会影响危机期间投资者对可操纵性应计盈余的理解。表5的回归(1)和回归(2)以不同的产权属性进行分组回归，发现国有企业组回归(1)和非国有企业组回归(2)中变量CRISIS×DA的系数都显著为负，并且国有企业组该交互项的回归系数显著小于非国有企业组该交互项的回归系数。这说明，相比非国有企业，金融危机的冲击，使投资者更可能将国有企业的可操纵性应计盈余理解为一种机会主义行为的结果。同时，本文进一步从管制行业和非管制行业差异的角度，考察了危机冲击如何影响投资者对应计盈余的信息解读。表5的回归(3)和回归(4)报告了该实证分析的结果。结果发现，其交互项(CRISIS×DA)系数也均显著为负，说明无论是被管制的行业，还是其他行业，金融危机的市场冲击都使公司可操纵性应计盈余的价值相关性显著降低；并且，管制行业组该交互项的回归系数显著小于非管制行业组该交互项的回归系数，这说明，由于管制行业比非管制行业受到更多的政府保护，当面临危机冲击时，市场投资者更多地将管制行业公司的可操纵性应计盈余理解成一种机会主义行为的结果。表5的回归(5)、回归(6)、回归(7)和回归(8)以CRISIS_2作为金融危机的代理变量，分别重复了上述四组回归，主要结果基本保持不变。

(四) 危机冲击与信息解读：基于地区的视角

管理层盈余操纵动机会因地区的差异而不同，进而影响市场投资者对应计盈余的理解。本文将上市公司所在地分为沿海地区和内陆地区，然后进行分组回归分析，表6报告了这一回归分析的结果。其中，回归(1)和回归(2)分别是对内陆地区和沿海地区的样本组进行回归后的结果，两组回归中DA系数均显著为正，而交互项CRISIS×DA的系数均显著为负；同时，为了进一步检验不同地区的差异如何影响市场投资者的信息解读，表6的回归(3)以加入沿海地区的虚拟变量、金融危机及其可操纵性应计盈余的三者交互项ZONE×CRISIS×DA进行回归分析，结果发现CRISIS×DA的系数显著为负，但ZONE×CRISIS×DA的系数并不显著；这说明，由于沿海地区受到金融危机的冲击较大，投资者倾向于认为沿海地区公司的可操纵性应计盈余更可能是管理者机会主义行为的结果，从而抵消了沿海地区高市场化程度对可操纵性应计盈余价值相关性的正面作用，进而导致在金融危机的冲击下，沿海地区的公司并未因市场化程度更高而比内陆地区的公司表现出更高的应计盈余价值相关性。回归(4)、回归(5)和回归(6)以CRISIS_2作为金融危机的替代变量，重复上述三组回归，发现回归(4)、回归(5)和回归(6)中DA系数均显著为正，而交互项CRISIS_2×DA的系数均显著为负，同时ZONE×CRISIS_2×DA的系数也显著为负。这说明，若将金融危机的影响期间拉长，沿海地区的公司可操纵性应计盈余价值相关性将更低于内陆地区的公司可操纵性应计盈余价值相关性。

表 5 危机冲击与信息解读：基于产权属性与行业管制的视角

变量	(1) 国有企业组 RET	(2) 非国有企业组 RET	(3) 管制行业组 RET	(4) 非管制行业组 RET	(5) 国有企业组 RET	(6) 非国有企业组 RET	(7) 管制行业组 RET	(8) 非管制行业组 RET
INTERCEPT	0.432*	−0.141	0.754***	0.106	0.772***	−0.092	0.944***	0.334*
	(1.83)	(−0.68)	(3.05)	(0.57)	(3.29)	(−0.45)	(3.85)	(1.81)
CRISIS	0.252***	0.261***	0.287***	0.239***				
	(14.39)	(12.11)	(11.75)	(14.67)				
CRISIS_2					0.270***	0.257***	0.282***	0.242***
					(16.64)	(13.43)	(12.51)	(16.62)
DA	0.771***	0.446***	0.734***	0.502***	1.201***	0.584***	0.979***	0.775***
	(6.19)	(3.69)	(4.47)	(4.86)	(8.13)	(4.07)	(5.25)	(6.23)
CRISIS×DA	−1.123***	−0.478**	−1.169***	−0.649***				
	(−6.09)	(−2.37)	(−4.73)	(−3.98)				
	CRISIS×DA 系数差异显著性：$P=0.03$		CRISIS×DA 系数差异显著性：$P=0.08$					
CRISIS_2×DA					−1.346***	−0.574***	−1.132***	−0.816***
					(−7.41)	(−3.07)	(−4.81)	(−5.22)
					CRISIS_2×DA 系数差异显著性：$P=0.01$		CRISIS_2×DA 系数差异显著性：$P=0.32$	
NDA	0.664***	0.205	−0.218	0.552***	0.997***	0.121	0.138	0.671***
	(3.04)	(0.78)	(−0.69)	(2.77)	(3.89)	(0.40)	(0.40)	(2.81)
CRISIS×NDA	−0.667*	−0.403	1.175**	−1.004***				
	(−1.84)	(−0.98)	(2.30)	(−3.09)				

（续表）

变量	(1) 国有企业组 RET	(2) 非国有企业组 RET	(3) 管制行业组 RET	(4) 非管制行业组 RET	(5) 国有企业组 RET	(6) 非国有企业组 RET	(7) 管制行业组 RET	(8) 非管制行业组 RET
CRISIS_2×NDA					−1.064***	−0.563	0.356	−1.070***
					(−3.16)	(−1.45)	(0.76)	(−3.48)
CFO	0.862***	0.433***	0.870***	0.560***	1.294***	0.601***	1.122***	0.843***
	(7.50)	(3.74)	(5.52)	(5.83)	(9.52)	(4.44)	(6.22)	(7.36)
CRISIS×CFO	−1.203***	−0.500***	−1.109***	−0.735***				
	(−7.37)	(−2.66)	(−4.91)	(−4.97)				
CRISIS_2×CFO					−1.355***	−0.526***	−1.149***	−0.796***
					(−8.27)	(−3.00)	(−5.21)	(−5.57)
MV	−0.017***	0.005	−0.020**	−0.000	−0.035***	−0.004	−0.033***	−0.017***
	(−2.82)	(0.68)	(−2.52)	(−0.07)	(−5.65)	(−0.56)	(−4.27)	(−2.71)
BM	−0.140***	−0.159***	−0.238***	−0.107***	−0.091***	−0.046	−0.180***	−0.026
	(−5.19)	(−5.06)	(−6.65)	(−4.29)	(−3.50)	(−1.49)	(−5.16)	(−1.08)
PE	−0.000	−0.000	−0.000	−0.000	−0.000	−0.000	−0.000	−0.000
	(−0.61)	(−1.33)	(−1.27)	(−0.29)	(−0.69)	(−1.23)	(−1.37)	(−0.24)
BETA	0.002	−0.005	0.014	−0.007	−0.008	−0.011	0.005	−0.016
	(0.10)	(−0.23)	(0.51)	(−0.37)	(−0.35)	(−0.58)	(0.17)	(−0.88)
行业	控制	控制	控制	控制	控制	控制	控制	控制
R^2	0.117	0.122	0.168	0.110	0.131	0.149	0.179	0.119
N	3 226	1 994	1 693	3 491	3 226	1 994	1 693	3 491

注：(1) 括号中报告值是T统计量；(2) *、**和***分别表示10%、5%和1%显著性水平。

表6 危机冲击与信息解读:基于地区的视角

变量	(1) 内陆地区组 RET	(2) 沿海地区组 RET	(3) 全样本组 RET	(4) 内陆地区组 RET	(5) 沿海地区组 RET	(6) 全样本组 RET
INTERCEPT	−0.140	0.477***	0.230**	0.056	0.712***	0.442***
	(−0.84)	(3.42)	(2.13)	(0.34)	(5.01)	(4.14)
CRISIS	0.260***	0.244***	0.251***			
	(12.49)	(13.38)	(18.38)			
CRISIS_2				0.254***	0.251***	0.252***
				(13.69)	(15.61)	(20.79)
DA	0.702***	0.551***	0.536***	0.988***	0.804***	0.752***
	(3.93)	(4.69)	(4.83)	(4.50)	(5.72)	(5.60)
CRISIS×DA	−0.845***	−0.761***	−0.812***			
	(−3.59)	(−3.70)	(−4.38)			
CRISIS_2×DA				−1.107***	−0.779***	−0.778***
				(−4.37)	(−4.15)	(−4.42)
ZONE			−0.019**			−0.017**
			(−2.52)			(−2.20)
ZONE×DA			0.152			0.302*
			(1.26)			(1.87)
ZONE×CRISIS×DA			0.051			
			(0.25)			
ZONE×CRISIS_2×DA						−0.349*
						(−1.67)
NDA	0.746***	0.251	0.452**	0.983***	0.449	0.638***
	(2.80)	(1.07)	(2.47)	(3.01)	(1.53)	(2.80)
CRISIS×NDA	−1.080**	−0.134	−0.491			
	(−2.42)	(−0.34)	(−1.62)			
CRISIS_2×NDA				−1.307***	−0.516	−0.801***
				(−3.00)	(−1.31)	(−2.68)
CFO	0.648***	0.666***	0.658***	0.821***	1.015***	0.950***
	(3.85)	(6.00)	(6.77)	(4.04)	(7.66)	(7.94)
CRISIS×CFO	−0.945***	−0.818***	−0.873***			
	(−4.35)	(−4.18)	(−5.72)			
CRISIS_2×CFO				−0.871***	−0.966***	−0.943***
				(−3.60)	(−5.52)	(−6.31)
MV	0.002	−0.0190***	−0.010**	−0.012*	−0.035***	−0.025***
	(0.36)	(−3.23)	(−2.24)	(−1.76)	(−5.86)	(−5.58)
BM	−0.101***	−0.179***	−0.149***	−0.025	−0.105***	−0.076***
	(−3.28)	(−7.10)	(−7.59)	(−0.84)	(−4.17)	(−3.88)
PE	−0.000	−0.000	−0.000	−0.000	−0.000	−0.000
	(−0.81)	(−1.28)	(−1.34)	(−0.40)	(−1.49)	(−1.36)
BETA	0.031	−0.013	−0.001	0.015	−0.023	−0.012
	(1.11)	(−0.71)	(−0.09)	(0.53)	(−1.29)	(−0.75)
行业	控制	控制	控制	控制	控制	控制
R^2	0.132	0.113	0.117	0.139	0.128	0.128
N	2 644	2 576	5 220	2 644	2 576	5 220

注:(1)括号中报告值是 T 统计量;(2) *、** 和 *** 分别表示10%、5%和1%的显著性水平。

(五) 拓展性分析：危机冲击下的信息披露

经上文的理论分析和实证检验可知，2008 年的金融危机对中国资本市场信心的冲击，严重影响了投资者的信息解读，使之更大程度地将公司可操纵性应计盈余视为管理者机会主义行为的结果，而不是未来现金流信息的传递工具。但是，投资者这种信息解读是理性还是非理性的结果呢？为了解答这一问题，下文结合危机冲击对公司信息披露的影响，进一步分析在危机冲击下管理者是否真的降低了盈余质量？如果危机冲击期间管理者盈余操纵程度更严重，那么投资者如此信息解读也有一定的合理性；相反，如果管理者反而比非金融危机期间降低了盈余管理程度，或者至少没有加重盈余管理程度，也即盈余质量反而更高，那么投资者如此信息解读就含有较多非理性因素的干扰，模型(4)是回归模型。

$$\begin{aligned}\mathrm{DA}_{i,t} =& \alpha_0 + \alpha_1 \mathrm{CRISIS}_{i,t} + \alpha_2 \mathrm{SIZE}_{i,t} \\&+ \alpha_3 \mathrm{LEV}_{i,t} + \alpha_4 \mathrm{ROA}_{i,t} \\&+ \alpha_5 \mathrm{STATE}_{i,t} + \alpha_6 \mathrm{CENTRAL}_{i,t} \\&+ \alpha_7 \mathrm{BOARD}_{i,t} + \alpha_8 \mathrm{DUAL}_{i,t-1} ND_i \\&+ e_{i,t}\end{aligned} \quad (4)$$

首先，表 7 的回归(1)以模型(4)对全体样本进行回归，结果发现 CRISIS 的系数显著为负，说明在金融危机期间，管理者反而比非金融危机期间显著提高了盈余质量；然后，回归(2)和回归(3)分别从盈余管理正负的角度进行回归分析，结果发现，在正向盈余管理组，CRISIS 的系数显著为负；而在负向盈余管理组，CRISIS 的系数不显著异于 0，这说明在金融危机期间，无论在何种方式的盈余管理上，公司管理者都至少没有降低盈余质量，而且正向盈余管理的公司反而显著提高了盈余质量。回归(4)、回归(5)和回归(6)以 CRISIS_2 作为金融危机的代理变量，分别重复了上述三组回归，结果发现三组回归中的 CRISIS_2 系数都不显著，说明在金融危机中管理者并没有降低盈余质量。因此，经上述分析可知，在危机冲击期间，市场投资者更大程度地将可操纵性应计盈余理解成公司管理者机会主义操纵行为的结果，并非完全符合理性，这隐含着危机冲击为市场带来的悲观情绪不利于投资者信息解读的准确性。

表 7　拓展性分析：危机冲击下的信息披露

变量	(1) 全体样本组 DA_ABS	(2) 正向盈余管理组 DA	(3) 负向盈余管理组 DA	(4) 全体样本组 DA_ABS	(5) 正向盈余管理组 DA	(6) 负向盈余管理组 DA
INTERCEPT	0.193***	0.188***	−0.203***	0.191***	0.182***	−0.204***
	(7.21)	(6.28)	(−5.83)	(7.15)	(6.07)	(−5.85)
CRISIS	−0.004***	−0.008***	−0.000			
	(−2.70)	(−3.64)	(−0.17)			
CRISIS_2				−0.002	−0.003	0.000
				(−1.42)	(−1.39)	(0.11)
SIZE	−0.007***	−0.007***	0.007***	−0.007***	−0.006***	0.007***
	(−6.62)	(−4.95)	(4.84)	(−6.54)	(−4.75)	(4.83)
LEV	0.040***	0.049***	−0.046***	0.040***	0.048***	−0.046***
	(6.54)	(5.79)	(−5.77)	(6.51)	(5.67)	(−5.77)
ROA	0.023	0.284***	0.155***	0.025	0.286***	0.155***
	(1.03)	(9.50)	(5.88)	(1.12)	(9.57)	(5.92)
STATE	−0.007***	−0.009***	0.003	−0.007***	−0.009***	0.003
	(−3.98)	(−3.36)	(1.19)	(−4.03)	(−3.44)	(1.18)
CENTRAL	0.035***	0.036***	−0.030***	0.035***	0.036***	−0.030***
	(5.08)	(3.84)	(−3.38)	(5.04)	(3.80)	(−3.38)
BOARD	−0.001	−0.003	−0.013	0.000	−0.001	−0.013
	(−0.04)	(−0.12)	(−0.52)	(0.01)	(−0.05)	(−0.52)
DUAL	0.009***	0.010***	−0.003	0.009***	0.011**	−0.003
	(3.62)	(3.01)	(−1.12)	(3.65)	(3.10)	(−1.12)
行业	控制	控制	控制	控制	控制	控制
R^2	0.090	0.134	0.118	0.089	0.132	0.118
N	7 471	3 999	3 472	7 471	3 999	3 472

注：(1) 括号中报告值是 T 统计量；(2) *、**和***分别表示10%、5%和1%的显著性水平。

六、研究结论与启示

股票市场是信息综合的市场，其配置资源的效率与投资者信息解读的效率密切相关。现有信息解读的相关文献都将研究期间限定于外部经济环境相对稳定的时期，而未重视在外部宏观经济环境受到突然冲击的情况下，危机冲击如何影响投资者的信息解读。以2008年的金融危机为契机，本文尝试考察危机冲击如何影响投资者的信息解读；并且，为了理解投资者的信息解读是否理性，本文还结合危机冲击对公司信息披露的影响，进一步分析在危机冲击下投资者信息解读的合理性。

首先，公司盈余可分解成可操纵性应计盈余、非操纵性应计盈余和现金流盈余三个部分,其中操纵性应计盈余是最容易被管理者操纵的部分,也是盈余信息分析的重点。本文通过可操纵性应计盈余的价值相关性考察市场投资者如何解读盈余信息,结果发现,在危机冲击下,投资者更倾向于认为可操纵性应计盈余是管理者机会主义行为的结果,而不是管理者向市场传递未来盈余信息的工具,从而降低了可操纵性应计盈余的价值相关性。

其次,本文进一步分析产权属性、行业特征和公司所在地的地区差异如何影响危机冲击下的信息解读,结果发现,相比非国有企业,投资者认为危机冲击下国有企业的可操纵性应计盈余,更可能代表着管理者机会主义行为操纵的结果,而非未来现金流信息传递的工具;相比非管制行业,投资者认为危机冲击下管制行业的公司可操纵性应计盈余,更可能代表着管理者机会主义行为操纵的结果;从公司所在地的地区差异而言,由于沿海地区受到金融危机的冲击较大,投资者倾向于认为沿海地区公司的可操纵性应计盈余更可能是管理者机会主义行为的结果,从而抵消了沿海地区高市场化程度对可操纵性应计盈余价值相关性的正面作用,进而导致在金融危机的冲击下,沿海地区的公司并未因市场化程度更高而比内陆地区的公司表现出更高的应计盈余价值相关性。

最后,为了理解在危机冲击下投资者的信息解读是否符合理性,本文还结合危机冲击对公司信息披露的影响,进一步分析在危机冲击下投资者信息解读的合理性。结果发现,在金融危机的冲击下,管理者并未降低公司的盈余质量;甚至从一定程度而言,公司正向盈余管理程度反而更低,而负向盈余管理也并未比非危机期间更严重。结合前面的两组结论表明,在金融危机的冲击下,市场投资者倾向于将可操纵性应计盈余理解成公司管理者机会主义行为操纵的结果,而不是传递未来现金流信息的工具,其中原因不能归结于公司管理者在金融危机的冲击下提供了更低质量的盈余信息,而很可能是因为市场低迷的悲观情绪影响了投资者对盈余信息的解读。这是一种非理性的信息解读行为,不利于投资者适当地对公司进行估价,并将影响到资本市场的资源配置。

研究结论的启示:对于一个新兴市场而言,面对专业性强的会计信息,不成熟的投资者难以正确解析会计盈余背后的含义,从而影响资本资源的配置效率,在重大危机的冲击下更是如此。所以,监管当局应适当提倡和引导投资者财务分析技能的学习,以提高股价信息效率,尤其是出现重大危机冲击时,监管当局应积极采取适当的措施稳定市场信心,以免市场情绪严重影响市场估值。对于管理者而言,由于市场情绪影响投资者的财务估值行为,面对危机冲击带来的悲观情绪,管理者应通过临时公告适时地披露一些乐观的非财务信息,以尽量纠正公司证券被错误定价的程度。对于投资者而言,本文的实证分析揭示了,在危机冲击下的资本市场更可能存在价值被低估的股票,从而有更多的套利机会,所以,此时通过基础分析反而更容易构建高回报率的投资组合。

参 考 文 献

[1] 姜国华、饶品贵,2011,宏观经济政策与微观企业行为——拓展会计与财务研究新领域,《会计研究》,第 3 期,第 10—21 页。

[2] 李远鹏、牛建军,2007,退市监管与应计异象,《管理世界》,第 5 期,第 125—133 页。

[3] 连燕玲、贺小刚、张远飞、周兵,2012,危机冲击、大股东"管家角色"与企业绩效——基于中国上市公司的实证分析,《管理世界》,第 9 期,第 142—155 页。

[4] 廖冠民、张广婷,2012,盈余管理与国有公司高管晋升效率,《中国工业经济》,第 4 期,第 115—127 页。

[5] 林毅夫、李志赟,2004,政策性负担、道德风险与预算软约束,《经济研究》,第 2 期,第 17—95 页。

[6] 刘峰,2009,会计的社会功用:基于非历史成本研究的回顾,《会计研究》,第 1 期,第 36—42 页。

[7] 权小锋、吴世农,2012,投资者注意力、应计误定价与盈余操纵,《会计研究》,第 6 期,第 46—53 页。

[8] 宋云玲、李志文,2009,A 股公司的应计异象,《管理世界》,第 8 期,第 17—24 页。

[9] Ball, R., A. Robin and J. S. Wu, 2003, Incentives versus standards: Properties of accounting income in four East Asian countries, *Journal of Accounting and Economics*, 36(1—3), 235—270.

[10] Ball, R. and P. Brown, 1968, An empirical evaluation of accounting income numbers, *Journal of Accounting Research*, 2, 159—178.

[11] Choi, J. H., J. B. Kim and J. J. Lee, 2011, Value relevance of discretionary accruals in the Asian financial crisis of 1997—1999, *Journal of Accounting and Public Policy*, 2, 166—187.

[12] Dechow, P. M., 1994, Accounting earnings and cash flows as measures of firm performance: The role of accounting accruals, *Journal of Accounting and Economics*, 1, 3—42.

[13] Dechow, P. M., R. G. Sloan and A. P., Sweeney, 1995, Detecting earnings management, *The Accounting Review*, 2, 193—225.

[14] Healy, P. M. and K. G. Palepu, 1993, The effect of firms' financial disclosure policies on stock prices, *Accounting Horizons*, 1, 1—11.

[15] Kornai, J., E. Maskin and G. Roland, 2003, Understanding the soft budget constraint, *Journal of Economic Literature*, 4, 1095—1136.

[16] La Porta, R., F. Lopez-De-Silanes, A. Shleifer and R. W. Vishny, 1997, Legal determinants of external finance, *Journal of Finance*, 3, 1131—1150.

[17] Leuz, C., D. Nanda and P. D., Wysocki, 2003, Earnings management and investor protection: An international comparison, *Journal of Financial Economics*, 3, 505—527.

[18] Sloan, R. G., 1996, Do stock prices fully reflect information in accruals and cash flows about future earnings? *The Accounting Review*, 3, 289—315.

[19] Subramanyam, K. R., 1996, The pricing of discretionary accruals, *Journal of Accounting and Economics*, 1—3, 249—281.

The Impact of Market Crashes on Information Analysis and Disclosure: Evidence from the Financial Crisis

Zhi Jin Baohua Liu Hong Luo

(Southwestern University of Finance and Economics)

Abstract Taking the 2008 financial crisis as an opportunity, this paper investigates the impact of the crisis on the information analysis, and also investigates the impact of the crisis on the information disclosure in order to further examine whether investors analyze the information rationally in the crisis. The results show that under the impact of the crisis the investors are more inclined to consider discretional accruals as the result of opportunistic behavior of managers rather than a means of information about future cash flow delivered to investors, which reduces the value relevance of discretional accruals. Meantime, our results also suggest the characteristics of non-state-owned, unregulated enterprises will be beneficial to alleviate the negative effect of the crisis on interpreting information of the investors. At last, our results also implicate the quality of earnings during the crisis is not worse than that in other periods. This shows the pessimistic sentiment of market affects the earnings information analysis of the investors, and it is disadvantageous to equity valuation and resources allocation in the capital market.

Key words Market Crashes of Financial Crisis, Information Analysis, Information Disclosure

现金分红、盈余管理方式选择与企业价值

刘 衡 苏 坤 李 彬[*]

摘 要 上市公司现金分红和盈余管理是资本市场关注的热点问题。本文以1998—2010年我国A股市场上市公司为研究样本,考察了现金分红、盈余管理方式选择与企业价值的关系。研究发现,现金分红行为对上市公司盈余管理方式的选择具有显著影响,即现金分红降低了实际活动盈余管理的程度,增加了应计项目盈余管理的程度,存在着实际活动盈余管理方式与应计项目盈余管理方式的"共谋"现象。进一步的研究表明,现金分红有助于企业价值的提升,盈余管理方式在现金分红与企业价值之间的关系中起到了显著的中介作用。本研究为理解现金分红对企业价值的影响和揭示实际活动盈余管理与应计项目盈余管理的关系提供了深层次的思考和启示。

关键词 现金分红 实际活动盈余管理 应计项目盈余管理 企业价值

一、引 言

2001—2010年的10年间,我国A股市场流通股的股息率平均为0.907%,显著低于境外市场平均水平。我国上市公司"重融资、轻回报"的现象广受社会诟病。中国证券监督管理委员会发布了多道现金分红的"催急令",例如在2012年5月9日正式发布了《关于进一步落实上市公司现金分红有关事项的通知》,旨在提升上市公司的分红积极性,强化上市公司的回报意识。从我国上市公司2011年年报披露情况来看,67.12%的上市公司提出了现金分红方案,现金分红上升趋势明显。上市公司现金分红问题引起了理论界的广泛关注,相关研究不仅详细分析了公司特征和公司治理等企业异质性因素对现金分红行为的影响(Wang et al.,2011),而且系统探讨了法律体系和国家环境等外部因素的作用(Alzahrani and Lasfer,2012;孙刚等,2012),取得了累累硕果。

传统的盈余管理研究以应计项目盈余管理为主导,忽视了实际活动盈余管理方式。应计项目盈余管理是通过应计项目调整来改变会计利润的,由于应计

---

[*] 刘衡,中山大学岭南学院;苏坤,西北工业大学管理学院;李彬,西安交通大学经济与金融学院。通信作者:苏坤,E-mail:suk711@126.com。本文受到国家自然科学基金项目(71102095,71202093)、陕西省社会科学基金(13D211)和中国博士后科学基金(2013T60825)的资助。

项目是以权责发生制为基础,其增减变动情况并不改变现金流量水平(Degeorge et al.,1999;魏明海,2000)。但是,应计项目盈余管理并不是盈余管理的唯一方式,企业管理者也存在着实际活动盈余管理(Graham et al.,2005;Roychowdhury,2006)。实际活动盈余管理如同盈余管理研究之树萌发的新枝,引起了国内外学者的浓厚兴趣(Cohen and Zarowin,2010;李增福等,2011)。实际活动盈余管理是企业管理者通过有意改变经济业务和交易的发生时间以及构造经济业务事项等方式进行利润调节的行为,它不仅改变了企业总会计盈余的数额,而且改变了每个会计期间的盈余数量和现金流量。

本文主要探讨上市公司现金分红、盈余管理方式与公司价值之间的关系。其基本理论分析架构如下:现金分红行为降低了企业现金流量水平,在信贷配给和外部融资约束下,企业管理者有动机采取各种手段来缓解现金流量压力(Jensen,1986)。而实际活动盈余管理可以改变现金流量状况,在现金分红导致公司现金流量短缺的情况下,企业管理者有动机减少实际活动盈余管理行为来缓解现金流量的降低幅度。而实际活动盈余管理的减少或"做低"如同一把"双刃剑",虽然可以增加现金流量水平,但是造成企业利润的降低。而企业业绩如果没有达到预期目标,企业管理者的薪酬水平、职位和声誉将严重受损,此时企业管理层又会采用应计项目盈余管理通过应计项目的调整来改变会计利润。可见,为了现金流量压力的缓解和业绩水平的提升,实际活动盈余管理和应计项目盈余管理所呈现的"一减一增"现象,本质上是企业管理者道德风险和逆向选择的反映,盈余管理方式更具"共谋"特征。虽然现金分红行为具有信号传递功能,有利于企业价值的提升,但是实际活动盈余管理和应计项目盈余管理行为也具有一定的经济后果,最终影响着企业价值。因此,不能忽视盈余管理方式在现金分红与企业价值之间的中介作用。遗憾的是,尚无文献对此进行系统论述。基于此,本文以1998—2010年我国A股市场上市公司为研究对象,对上述理论框架进行验证。研究发现,上市公司现金分红行为对盈余管理方式的选择有着显著的影响,现金分红公司显著减少了实际活动盈余管理方式,增加了应计项目盈余管理方式,现金分红行为有助于公司价值的提升,在现金分红与公司价值之间的关系中盈余管理方式具有明显的中介作用。

本文试图从以下几方面对现有文献进行拓展:(1)为现金分红企业的现金流量压力缓解提供了解释。本文发现公司管理者为缓解现金分红对公司现金流量造成的压力,存在着通过实际活动盈余管理方式来调整现金流量的情况。这说明传统的内部或外部融资并不是现金流量获取的唯一途径,实际活动盈余管理也是企业调整现金流量水平和缓解现金流量压力的工具。(2)为现金分红对企业价值的影响机制提出了新的观点。已有研究表明,企业现金分红有助于降低股东与管理者之间的冲突,对企业价值产生影响(Jensen and Meckling,1976)。本文发现在上市公司现金分红中存在着盈余管理行为,盈余管理对现金分红与企业价值的关系起到显著的中介作用。这说明上市公司现金分红行为对企业价值并不是简单的直接影响,不能忽视实际活动盈余管理和应计项目盈余管理的中介作用。(3) 为实际活动盈余管理与应计项目盈余管理关系的研究提供了新的内容。应计项目盈余管理一直是传统盈余管理研究的主题内容,实际活动盈余管理则为盈余管理研究注入了新的内容和活力,二者关系的研究引起了学者们的热切关注(Cohen et al.,2008;Cohen and Zarowin,2010;李增福等,2011)。本文发现现金分红公司显著降低了实际活动盈余管理程度、明显增加了应计项目盈余管理程度。表面上看,实际活动盈余管理和应计项目盈余管理之间具有一定的替代关系,但是从本质上二者迥然不同,具有一定的"共谋"特征。

余文内容安排如下:第二部分是理论分析与研究假设;第三部分是研究设计;第四部分是实证结果与分析;第五部分是研究结论与启示。

二、理论分析与研究假设

企业经营权与所有权的分离是现代企业的一个重要特征。代理理论认为,委托人与代理人目标函数的不一致性造成利益冲突,导致了代理成本的发生。现金分红有助于缓解股东与管理者之间的代理冲突,降低代理成本(Jensen and Meckling,1976)。企业现金分红对代理成本的作用机制主要体现如下:(1) 现金分红抑制了管理者过度投资行为,提升了投资效率。企业管理者往往通过大量的新项目投资来控制更多的企业资源,追求更高的权力和地位,将企业打造为个人帝国(Hope and Thomas,2008),在一定程度上现金分红对管理者的非理性投资起到了抑制作用。(2) 现金分红减少了可供管理者支配的自由现金流量数额,压缩了管理者在职消费的空间。(3) 现金分红减弱了企业内部融资能力,促使企业管理者采用外部融资方式,增加了资本市场对其监督和约束的强度。Easterbrook(1984)研究表明企业现金分红行为能够有效降低管理者的超额消费程度,增加管理者外部融资的积极性,在外部监督机构的监管下,管理者的超额消费和非理性投资现象显著减少,股东与管理者之间的代理成本也得到了降低。现金流量的理论基础是收付实现制,而会计利润的理论基础是权责发生制。相对于会计利润,现金流量可操控性较低,在一定程度上弥补了会计利润的缺陷。信号传递理论(Signaling Theory)认为,现金分红不仅是企业向外界传递企业内部信息的常用信号,而且是一种可靠性较高的信号模式。由于现金分红可以向市场传递有关企业未来盈利的良好预期(Bhattacharya,1979),为了获得市场的认可,企业管理者有动机现金分红。同时,中国证券监督管理委员会采取了多项措施推动上市公司现金分红,尤其是 2012 年 5 月 9 日发布的《关于进一步落实上市公司现金分红有关事项的通知》,无疑是一道要求上市公司现金分红的"催急令"。

在资金信贷市场上存在着信息不对称问题,信贷配给理论认为资金供给者为了规避风险而对信贷资金实行配给制,使得信贷资金的供给往往不能满足信贷资金的需求,造成信贷市场的供需失衡,企业面临的外部融资约束问题也就出现了。外部融资约束意味着任何外部融资方式都将产生代理成本,提升了外部资金的成本门槛。相对于外部融资,内部融资更具灵活性和便利性,具有明显的成本优势。现金分红降低了企业现金流量水平,增加了企业管理者融资的需求。鉴于信贷配给和外部融资方式的制约,企业管理者为了缓解现金分红对企业现金流量的影响,往往采取各种手段提升内部资金的持有水平,维持或增强企业内部融资能力。Jensen(1986)指出企业管理者为了获取更多的私有收益,减少外部融资的依赖性,常常采用多种措施来保持较高的现金流量水平。

实际活动盈余管理是企业管理者通过有意改变经济业务和交易的发生时间以及构造经济业务事项等方式进行利润调节的行为(Graham et al.,2005)。销售操控、生产操控和费用操控是实际活动盈余管理的主要方式(Roychowdhury,2006)。销售操控指企业管理者适时地放宽产品销售折扣额度或者对客户采取更为宽松的信用条件,刺激消费者和客户的采购需求,迅速提升营业收入和会计利润水平,例如企业降低赊销条件、延长客户付款周期等。只要产品边际收入大于边际成本,随着信用条件的宽松和折扣额度的增加,会计利润将会显著提升,但是每单位销售收入所带来的现金流量不断在减少。生产操控指企业管理者利用生产规模效应,提高产品生产数量,降低单位产品成本。企业成本通常由固定成本和变动成本构成,生产规模的扩大降低了单位产品所承受的固定成本,企业销售利润率则显著增加。大规模的产品生产可能带来产品积压,但是尚未出售的产品归入存货中,对会计利润的负面影响极为有限。为了满足生产操控的需要,企业需要花费大量的现金采购原材料等生产物资,造成企业现金流量大幅降低。费用操控指企业管理者减少销售费用和管理费用等可操控费用的数额,增加会计利润数额(Cohen et al.,2008)。从整个企业生命周期来看,实际活动盈余管理不仅改变了企业总会计盈余的数额,而且改变了每个会计期间的盈余数量和现金流量。

企业现金分红行为造成现金流量水平的降低,而实际活动盈余管理能够改变企业现金流量状况,同时在信贷配给和外部融资方式的限制下,企业管理者有动机减少实际活动盈余管理来缓解现金流量的降低幅度。例如,在销售操控中,为了销售资金的迅速回收,紧缩信用条件和压缩收款周期等,使得每单位销售收入产生更高的现金流量水平;在生产操控中,异常降低产品的生产规模,减少原材料采购范围和程度,避免现金大量流出。可以看出,企业管理者可以通过减少或"做低"实际活动盈余管理来提升现金流量水平,因此现金分红行为将造成企业实际活动盈余管理程度的降低。实际活动盈余管理的减少或"做低"行为如同一把"双刃剑",虽然提升了企业现金流量水平,但是造成销售收入的降低和规模效应的萎缩,对企业业绩产生不利影响。企业业绩不仅是考核企业管理者受托责任履行情况的依据,而且是订立新契约、评价契约执行情况的重要参考依据(Sunder,1997)。如果企业业绩没有达到预期目标,企业管理者的薪酬水平、职位和声誉将严重受损。应计项目盈余管理是通过应计项目的调整来改变会计利润的,由于应计项目是以权责发生制为基础,其增减变动情况并不改变现金流量水平。企业管理者为了缓解实际活动盈余管理做低行为对企业业绩的影响,将有动机增加应计项目盈余管理程度。

综上分析,信号传递理论认为,现金分红是企业获得市场认可的有效途径。同时迫于证监会等资本市场监管方面的压力,企业管理者具有现金分红的强烈动机。"现金是企业的血液",现金分红意味着大量的现金流出,造成企业较大的现金流量压力。为了减轻这种压力,企业管理当局有动机降低实际活动盈余管理程度,缓解现金不足对契约目标的影响。但是,随着实际活动盈余管理程度的降低,企业业绩水平也将随之下降。在自身利益最大化的驱使下,为了满足报酬契约动机、债务契约动机或监管动机的需要,企业管理当局存在着机会主义倾向,从而通过应计项目盈余管理程度的增加来达到企业业绩的目标水平。从表面上看,为了缓解现金流量压力并保持相应的目标业绩水平,现金分红降低了实际活动盈余管理行为,增加了应计项目盈余管理行为。但是,从本质上看,盈余管理方式所呈现的"一减一增"的态势,更是企业管理当局谋求自身利益最大化的结果,是为了平衡现金流量压力和达到目标业绩水平所进行的一种主动调控行为,盈余管理方式具有"共谋"的特征。基于此,本文提出假设1:

假设1 现金分红降低了实际活动盈余管理的程度,增加了应计项目盈余管理的程度。

信号传递理论认为现金分红是企业向外部投资者传递企业未来盈余稳定增长的事前信号,有助于降低股东与管理者之间的信息不对称程度。相对于权责发生制下的会计利润而言,现金是收付实现制下的产物,现金分红是企业实实在在的现金流出,因此现金分红是向外界传递企业内部信息的可靠信号模式。Bhattacharya(1979)的研究表明,信息不对称阻碍着外部投资者对企业内部信息的了解,而现金分红向市场传递了有关企业未来预期盈利和业绩的信息,现金分红程度越高暗示着企业盈利预期越好,更有利于吸引外部投资者。Aharony and Swary(1980)发现美国上市公司的股票价格与现金分红的发放及其程度显著正相关,如果公司中断现金分红或者降低现金分红程度将造成公司股票价格的下跌。"在手之鸟"理论从投资者风险规避角度分析了投资者对现金股利与非资本利得的偏好,认为投资者更倾向于选择现金股利而不愿将收益留存于企业以获得再投资的资本利得,企业现金分红越多,企业价值越大(Gordon,1963)。根据代理成本理论,企业现金分红行为有助于缓解股东与管理者之间的利益冲突,降低代理成本。现金分红不仅减少了企业管理者超额消费或过度投资的程度,而且增加了外部融资的可能性。企业管理者迫于资本市场监管的压力和自身利益的考虑,将全力以赴提升企业经营业绩和企业价值(Jensen and Meckling,1976)。谢赤等(2012)发现我国上市公司现金分红行为有助于企业盈利能力和资产管理能力的提升。可以看出,企业的现金分红行为反映了企业未来前景的良好预期,减少了代理成本,对企业业绩和价值具有提升作用。基于上述分析,本文提出假设2:

假设2 现金分红有助于企业价值的提升。

为了粉饰会计利润,企业管理者有动机进行实际活动盈余管理活动。实际活动盈余管理是通过主观调整经济业务发生的时间和构造经济业务事项来实现的,在本质上显著不同于企业正常的生产经营决策。实际活动盈余管理行为属于明显的短期行为,与企业可持续发展相悖,实际活动盈余管理程度的增加将对公司价值产生不利影响。例如,企业管理者为了提升利润水平,通过销售操控方式降低信用条件、增大价格折扣幅度,虽然刺激了消费者提前消费的欲望,但是将未来的销售收入人为地提前到本期确认,不利于未来业绩的提升。Gunny(2005)认为实际活动盈余管理的增加将对公司未来业绩带来严重的负面影响;Cohen and Zarowin(2010)发现股权再融资企业为了迎合融资门槛的要求,显著增加了实际活动盈余管理程度,上述行为给企业带来了不良的经济后果。可见,实际活动盈余管理行为负向影响着企业价值。结合假设1,现金分红行为负向影响实际活动盈余管理程度,理论分析可以得出实际活动盈余管理对现金分红与公司价值具有显著的中介作用,也就是说现金分红负向影响实际活动盈余管理程度,而实际活动盈余管理负向影响着公司价值。应计项目盈余管理是对应计项目进行调整达到粉饰会计盈余的目的,对企业经营活动的直接影响程度要低于实际活动盈余管理。在一定程度上,应计项目盈余管理增加了当期会计盈余中所包含的管理当局对未来盈余预测的私有信息(Sankar and Subramanyam,2001),使得当期会计盈余能够提供有关公司未来超常盈余的信息,提升盈余信息价值相关性和企业价值(Tucker and Zarowin,2006)。投资者对企业应计项目盈余管理行为缺乏识别能力,从而造成企业股票价格的上涨和企业价值的增加。张祥建和徐晋(2006)指出中国上市公司为了获得配股资格和提高配股发行价格,往往存在着应计项目盈余管理行为,由于投资者不能有效识别盈余管理行为而高估了企业价值。结合假设1,可以得出应计项目盈余管理对现金分红与公司价值具有一定的中介作用,即现金分红正向影响应计项目盈余管理程度,而应计项目盈余管理正向影响企业价值。

综合上述分析,假设1表明现金分红降低了企业现金流量水平,企业管理者通过实际活动盈余管理行为来缓解因现金分红而增加的现金流量压力,并通过应计项目盈余管理保持或提升企业业绩水平,即现金分红降低了实际活动盈余管理的程度,增加了应计项目盈余管理的程度;假设2表明现金分红有助于企业价值的提升。此外,大量文献也证实了盈余管理对企业价值的作用。既然现金分红显著影响着盈余管理方式,盈余管理又影响着企业价值,那么现金分红对企业价值的影响不再是简单的直接关系,盈余管理方式将起到一定的中介作用。基于上述分析,本文提出假设3:

假设3 盈余管理方式对现金分红与公司价值具有中介作用。

假设3.1 现金分红负向影响实际活动盈余管理的程度,而实际活动盈余管理负向影响企业价值。

假设3.2 现金分红正向影响应计项目盈余管理的程度,而应计项目盈余管理正向影响企业价值。

三、研究设计

(一)变量设计

1. 现金分红行为(CD)

本文采用虚拟变量反映上市公司现金分红行为(CDB),如果上市公司在第 t 期发生了现金分红行为,CDB_t 取值为1,否则 CDB_t 取值为0。

2. 盈余管理方式(EM)

(1)实际活动盈余管理。借鉴常用的实际活动盈余管理度量方法,从销售操控、生产操控和费用操控三个方面反映上市公司实际活动盈余管理情况(Roychowdhury,2006;Cohen and Zarowin,2010)。销售操控、生产操控和费用操控的计算分别通过经营活动现金净流量(CFO)估测模型(模型1)、生产操控(PROD)估测模型(模型2)和费用操控(DISEXP)估测模型(模型3)。

$$CFO_{it}/A_{it-1} = \alpha_0/A_{it-1} + \alpha_1(S_{it}/A_{it-1}) + \alpha_2(\Delta S_{it}/A_{it-1}) + \mu_{it} \tag{1}$$

$$PROD_{it}/A_{it-1} = \alpha_0/A_{it-1} + \alpha_1(S_{it}/A_{it-1}) + \alpha_2(\Delta S_{it}/A_{it-1}) + \alpha_3(\Delta S_{it-1}/A_{it-1}) + \mu_{it} \tag{2}$$

$$DISEXP_{it}/A_{it-1} = \alpha_0/A_{it-1} + \alpha_1(S_{it-1}/A_{it-1}) + \mu_{it} \tag{3}$$

运用普通最小二乘法,分行业分年度估测上述模型的残差,计算异常经营活动现金净流量(ACFO)、异常生产成本(APROD)和异常可操控费用(AEXP),依次度量销售操控程度、生产操控程度和费用操控程度。为了综合反映上市公司实际活动盈余管理程度,参考Cohen and Zarowin(2010)、李增福等(2011)的研究,在考虑销售操控、生产操控和费用操控方向一致性的基础上,采用模型(4)反映实际活动盈余管理的整体情况。

$$RM_{it} = (-1) \times ACFO_{it} + APROD_{it} + (-1) \times AEXP_{it} \tag{4}$$

其中,CFO表示经营活动现金流量净额;A表示资产总额;S表示营业收入净额;ΔS 表示营业收入变动数额;PROD表示生产成本,是存货变动数额与营业成本之和;DISEXP表示可操控费用,是管理费用与营业费用之和;ACFO表示异常经营活动现金净流量,其值越小,表明销售操控程度越高;APROD表示异常生产成本,其值越大,表明生产操控程度越高;AEXP表示异常可操控费用,其值越小,表明费用操控程度越高;RM表示实际活动盈余管理整体程度,其值越大,表明实际活动盈余管理整体程度越高;α 表示回归系数,μ 表示残差;下标

i 表示公司，t 表示年度。

(2) 应计项目盈余管理。采用琼斯扩展模型(Dechow et al.，1995；刘星等，2006；李彬等，2011)，运用模型(5)度量上市公司应计项目盈余管理的程度。

$$TA_{it}/A_{it-1} = \beta_0(1/A_{it-1}) + \beta_1[(\Delta REV_{it} - \Delta REC_{it})/A_{it-1}] \\ + \beta_2(FA_{it}/A_{it-1}) + \beta_3(IA_{it}/A_{it-1}) + \varphi_{it} \quad (5)$$

运用普通最小二乘法，分行业分年度估测模型(5)的残差，计算应计项目盈余管理程度(DA)。其中，TA 表示应计总额，是净利润与预期经营活动现金流量净额的差值。预期经营活动现金流量净额是根据模型(1)计算的回归预期值来度量的，目的是缓解因实际活动盈余管理对经营活动现金流量产生的影响。A 表示资产总额；ΔREV 表示营业收入变动额；ΔREC 表示应收账款变动额；FA 表示固定资产原值；IA 表示无形资产和其他长期资产总额；β 表示回归系数，φ 表示残差；下标 i 表示样本公司，下标 t 表示年度。

3. 公司价值(CV)

借鉴冯旭南等(2011)、姜付秀和黄继承(2011)的研究，运用托宾 Q 值度量公司价值。托宾 Q 值等于股权市值与净债务市值之和除以期末资产总额。

4. 控制变量

在回归分析中，为了控制公司特征和外部环境的影响，本文使用如下控制变量：

(1) 公司成长状况(GRO)。公司成长状况对公司盈余管理行为(McNichols，2000)和公司价值产生作用，本文使用资产总额增长率度量公司成长状况。

(2) 公司规模(SIZE)。公司盈余管理行为和公司价值受到公司规模的影响，本文使用资产总额的自然对数反映公司规模。

(3) 公司偿债能力(LEV)。公司偿债能力将直接作用于财务压力，进而影响到公司盈余管理行为和公司价值，本文以资产负债率衡量公司偿债能力。

(4) 净资产高估水平(NOA)。该指标反映了公司前期应计项目盈余管理的程度(Barton，2001；李彬等，2009)，将对当期盈余管理方式和公司价值产生影响，本文运用"期末净经营资产/营业收入净额"与对应行业均值的比值来度量净资产高估水平。

(5) 审计意见类型(OPIT)。审计意见类型对盈余管理具有一定的识别作用(Chen et al.，2001)。在本文中，当审计意见为标准无保留意见时，OPIT 取值为1，否则为0。

(6) 会计师事务所规模(BIGT)。会计师事务所的规模往往与审计质量息息相关，对公司盈余管理行为和公司价值具有一定的影响(Chen et al.，2006)。本文使用 BIGT 表示会计师事务所规模，当会计师事务所为前十大会计师事务所时，BIGT 取值为1，否则为0。

(7) 股权集中度(OWC)。股权集中度反映了公司股权分布情况，将影响到公司盈余管理和公司价值。本文使用第一大股东持股比例反映公司的股权集中程度。

(8) 产权性质(SOE)。公司的产权性质将对盈余管理和公司价值产生一定的影响(苏坤,2012)。本文使用虚拟变量度量产权性质,当公司最终控制人为国有背景时,SOE取值为1,否则取值为0。

(9) 公司领导权结构(DUAL)。领导权结构的集中与分散程度将影响到公司盈余管理行为和公司业绩,本文使用虚拟变量反映领导权结构,当董事长兼任总经理时,DUAL取值为1,否则取值为0。

(二)研究模型

本文构建模型(6)—(8),运用OLS回归分析法验证假设是否成立。在模型(6)中,因变量EM表示盈余管理方式,包括实际活动盈余管理(ACFO、APROD、AEXP、RM)和应计项目盈余管理(DA),目的是检验假设1;模型(7)用于检验假设2;模型(8)是在模型(7)的基础上,引入盈余管理方式变量(EM),检验盈余管理方式在现金分红与公司业绩之间的关系中是否具有中介作用。λ和ω分别表示回归系数和残差;INDU、YEAR分别表示行业和年度虚拟变量。变量界定如表1所示。

$$EM_{it} = \lambda_0 + \lambda_1 CD_{it} + \lambda_2 GRO_{it} + \lambda_3 SIZE_{it} + \lambda_4 LEV_{it} + \lambda_5 NOA_{it}$$
$$+ \lambda_6 OPIT_{it} + \lambda_7 BIGT_{it} + \lambda_8 OWC_{it} + \lambda_9 SOE_{it} + \lambda_{10} DUAL_{it}$$
$$+ \lambda_{11} \sum INDU + \lambda_{12} \sum YEAR + \omega_{it} \quad (6)$$

$$CV_{it} = \lambda_0 + \lambda_1 CD_{it} + \lambda_2 GRO_{it} + \lambda_3 SIZE_{it} + \lambda_4 LEV_{it} + \lambda_5 NOA_{it}$$
$$+ \lambda_6 OPIT_{it} + \lambda_7 BIGT_{it} + \lambda_8 OWC_{it} + \lambda_9 SOE_{it} + \lambda_{10} DUAL_{it}$$
$$+ \lambda_{11} \sum INDU + \lambda_{12} \sum YEAR + \omega_{it} \quad (7)$$

$$CV_{it} = \lambda_0 + \lambda_1 CD_{it} + \lambda_2 EM_{it} + \lambda_3 GRO_{it} + \lambda_4 SIZE_{it} + \lambda_5 LEV_{it}$$
$$+ \lambda_6 NOA_{it} + \lambda_7 OPIT_{it} + \lambda_8 BIGT_{it} + \lambda_9 OWC_{it} + \lambda_{10} SOE_{it}$$
$$+ \lambda_{11} DUAL_{it} + \lambda_{12} \sum INDU + \lambda_{13} \sum YEAR + \omega_{it} \quad (8)$$

表1 变量界定表

变量名称	经济含义	计算方式
CD	现金分红行为	CD=1表示发生现金分红行为,0表示其他
EM	盈余管理方式	实际活动盈余管理和应计项目盈余管理
ACFO	异常经营活动现金净流量。其值越小,实际活动盈余管理中销售操控程度越低	异常经营活动现金净流量/期初资产
APROD	异常生产成本。其值越大,实际活动盈余管理中的生产操控程度越高	异常生产成本/期初资产
AEXP	异常可操控费用。其值越大,实际活动盈余管理中的费用操控程度越低	异常可操控费用/期初资产

(续表)

变量名称	经济含义	计算方式
RM	实际活动盈余管理整体程度。其值越大,整体程度越高	$(-1)\times$ACFO+APROD+$(-1)\times$AEXP
DA	应计项目盈余管理程度。其值越大,整体程度越高	操控性应计利润/期初资产
CV	公司价值	(股权市值+净债务市值)/期末总资产
GRO	公司成长状况	资产总额增长率
SIZE	公司规模	资产总额的自然对数
LEV	公司偿债能力	资产负债率
NOA	净资产高估水平	"期末净经营资产/销售收入"与行业均值的比值
OPIT	审计意见类型	OPIT=1表示标准无保留意见,0表示其他
BIGT	会计师事务所规模	BIGT=1表示十大会计师事务所,0表示其他
OWC	股权集中度	第一大股东持股比例
SOE	产权性质	SOE=1表示最终控制人为国有,0表示非国有
DUAL	公司领导权结构	DUA=1表示董事长兼任总经理,0表示其他

(三) 样本与数据

本文以1998—2010年我国A股市场上市公司为研究样本。首先,按照我国证券监督管理委员会发布的上市公司行业分类标准对研究样本进行行业分类。考虑到金融保险业的行业特殊性,金融保险业的上市公司未列入本文研究范围。根据行业分类标准,研究样本被划分为制造、电煤水、建筑、社会服务、房地产、传播与文化、综合类、农林牧渔、采掘、交通运输仓储、信息技术和批发零售业,共计12个行业;其次,根据会计基本前提中的持续经营假设的要求,对营业收入数额为负、所有者权益为负的研究样本予以剔除,同时对其他相关数据缺失的样本也予以剔除;然后,为了提升研究准确性,本文在现金分红与无现金分红样本公司之间,按照同年度、同行业和期初总资产最为接近的配对要求,选择与现金分红样本相配对的无现金分红样本;最后,为了避免极端值的影响,本文对研究中的所有连续变量进行了上下1%的Winsorize处理。经过上述程序,本文最终获得了2205个现金分红公司年度样本和配对了2205个无现金分红的公司年度样本。研究数据来源于2011CSMAR研究数据库和2011RESSET数据库。

四、实证结果与分析

(一) 变量的描述性统计

表2报告了相关变量在无现金分红样本组(CD=0)和现金分红样本组(CD

=1)情况下的描述性统计分析结果和差异情况。可以看出,在无现金分红的样本组中,反映实际活动盈余管理情况的公司异常经营活动现金净流量(ACFO)、异常生产成本(APROD)、异常可操控费用(AEXP)和实际活动盈余管理汇总程度(RM)的均值分别为-0.009、0.012、-0.006 和 0.026;在现金分红样本组中,其对应均值分别为 0.012、-0.031、0.009 和-0.051。均值差异检验显示其显著性水平为 1%,说明现金分红样本组的销售操控程度、生产操控程度、费用操控程度和实际活动盈余管理整体程度要显著低于无现金分红样本组的程度。这表明相对于无现金分红样本组,现金分红样本组显著减少了实际活动盈余管理方式。在无现金分红的样本组中,应计项目盈余管理(DA)的均值为-0.022,而在现金分红样本组中,其对应均值为 0.026,均值差异检验显示其显著性水平为 1%,说明相对于无现金分红样本组,现金分红样本组显著增加了应计项目盈余管理方式。在无现金分红样本组中,公司价值(CV)的均值为 2.158,而在现金分红样本组中,其对应均值为 2.270,均值差异检验显示其显著性水平为 5%,说明相对于无现金分红样本组,现金分红样本组有着更高的公司价值。

在控制变量方面,无现金分红样本组的公司成长状况(GRO)、公司规模(SIZE)、审计意见类型(OPIT)、会计师事务所规模(BIGT)和股权集中程度(OWC)的均值显著低于现金分红样本组的对应水平,无现金分红样本组的偿债能力(LEV)和净资产高估水平(NOA)的均值显著高于现金分红样本组的对应水平,而产权性质(SOE)和领导权结构(DUA)的均值在无现金分红样本组和现金分红样本组之间不存在明显差异。

表2 变量的描述性统计与分组差异性检验

变量	组别(CD)	样本量	均值	中值	最小值	最大值	标准差	方差	均值差异
ACFO	0	2205	-0.009	-0.010	-0.323	0.271	0.085	0.007	-0.021***
	1	2205	0.012	0.011	-0.323	0.271	0.093	0.009	(-7.821)
APROD	0	2205	0.012	0.018	-0.509	0.428	0.111	0.012	0.043***
	1	2205	-0.031	-0.016	-0.509	0.428	0.142	0.020	(11.339)
AEXP	0	2205	-0.006	-0.014	-0.123	0.330	0.057	0.003	-0.015***
	1	2205	0.009	-0.009	-0.123	0.330	0.078	0.006	(-7.115)
RM	0	2205	0.026	0.037	-0.843	0.690	0.192	0.037	0.077***
	1	2205	-0.051	-0.018	-0.843	0.690	0.252	0.063	(11.436)
DA	0	2205	-0.022	-0.013	-0.282	0.219	0.073	0.005	-0.048***
	1	2205	0.026	0.019	-0.282	0.219	0.057	0.003	(-24.476)
CV	0	2205	2.158	1.687	0.547	27.368	1.657	2.746	-0.112**
	1	2205	2.270	1.837	0.706	15.322	1.449	2.099	(-2.388)
GRO	0	2205	0.076	0.032	-0.438	1.800	0.286	0.082	-0.130***
	1	2205	0.205	0.141	-0.438	1.800	0.296	0.087	(-14.831)
SIZE	0	2205	21.328	21.270	18.932	24.194	0.914	0.836	-0.140***
	1	2205	21.468	21.406	19.033	24.194	0.859	0.738	(-5.249)
LEV	0	2205	0.588	0.588	0.083	1.908	0.251	0.063	0.123***
	1	2205	0.465	0.471	0.083	0.865	0.165	0.027	(19.245)

(续表)

变量	组别(CD)	样本量	均值	中值	最小值	最大值	标准差	方差	均值差异
NOA	0	2205	0.911	0.663	−1.256	6.180	1.084	1.175	0.156***
	1	2205	0.755	0.584	−1.256	6.180	0.826	0.683	(5.366)
OPIT	0	2205	0.860	1.000	0.000	1.000	0.347	0.120	−0.118***
	1	2205	0.978	1.000	0.000	1.000	0.147	0.022	(−14.639)
BIGT	0	2205	0.230	0.000	0.000	1.000	0.421	0.177	−0.040***
	1	2205	0.269	0.000	0.000	1.000	0.444	0.197	(−3.065)
OWC	0	2205	0.361	0.335	0.093	0.768	0.158	0.025	−0.044***
	1	2205	0.404	0.395	0.093	0.768	0.163	0.027	(−9.073)
SOE	0	2205	0.527	1.000	0.000	1.000	0.499	0.249	−0.021
	1	2205	0.548	1.000	0.000	1.000	0.498	0.248	(−1.389)
DUAL	0	2205	0.127	0.000	0.000	1.000	0.333	0.111	0.010
	1	2205	0.117	0.000	0.000	1.000	0.322	0.103	(1.012)

注：(1) 均值差异中，括号内为 t 值，t 值上方为均值之差；(2) ***、**和*分别表示在1%、5%和10%水平上显著。

(二) 相关性分析

分别运用 Pearson 相关系数分析法和 Spearman 等级相关系数分析法对变量进行相关性分析，结果如表3所示。在 Pearson 相关系数分析中，变量 CD 与变量 ACFO、APROD、AEXP、RM 和 DA 的相关系数分别为 0.117、−0.168、0.107、−0.170 和 0.346，都在1%水平上显著，说明现金分红行为分别与销售操控、生产操控、费用操控和实际活动盈余管理整体程度呈现显著的负向关系，而与应计项目盈余管理程度呈现显著的正向关系；变量 CD 与变量 CV 的相关系数为 0.036，在5%水平上显著，说明现金分红行为与公司价值显著正相关；在 Spearman 等级相关系数分析中，上述关系依然成立。在 Pearson 相关系数分析中，部分变量之间相关系数绝对值较大：0.899(变量 APROD 与 RM)、0.674(变量 ACFO 与 RM)、0.633(变量 AEXP 与 RM)，由于上述变量都是反映实际活动盈余管理方式的，不会同时出现在同一个回归模型中，因此不存在多重共线性。同时，本文对变量进行了多重共线性检验，结果表明方差膨胀因子介于1—4之间(小于10)，对应的容忍度介于0.25—0.80之间(大于0.1)，说明不存在严重的多重共线性问题。

(三) 现金分红对盈余管理方式影响的回归分析结果

基于模型(6)，通过多元回归分析考察现金分红行为对盈余管理方式选择的影响，回归结果列于表4。表中的第1—4列反映了现金分红行为对实际活动盈余管理影响的回归分析结果。第1列考察了现金分红行为与实际活动盈余管理中销售操控的关系，现金分红(CD)的回归系数为0.016，在1%的水平上显著，表明现金分红样本组的异常经营活动现金流量(ACFO)显著高于无现金分红样本组的对应水平，意味着相对于无现金分红公司而言，现金分红公司明显减

表 3 相关性分析

变量	CD	ACFO	APROD	AEXP	RM	DA	CV	GRO	SIZE	LEV	NOA	OPIT	BIGT	OWC	SOE	DUAL
CD	1.000	0.143***	-0.193***	0.074***	-0.176***	0.373***	0.078***	0.316***	0.078***	-0.280***	-0.070***	0.215***	0.046***	0.133***	0.021	-0.015
ACFO	0.117***	1.000	-0.407***	0.077***	-0.675***	0.227***	0.079***	0.033**	0.001	-0.130***	-0.078***	0.112***	0.004	-0.001	-0.011	-0.004
APROD	-0.168***	-0.413***	1.000	-0.482***	0.880***	-0.296***	-0.166***	0.041***	0.062***	0.180***	0.092***	-0.058***	-0.018	0.033**	0.028*	-0.035**
AEXP	0.107***	0.115***	-0.520***	1.000	-0.563***	0.055***	0.110***	0.081***	-0.020	-0.006	-0.037**	-0.052***	0.027*	-0.046***	0.006	0.060***
RM	-0.170***	-0.674***	0.899***	-0.633***	1.000	-0.258***	-0.151***	0.007	0.051***	0.151***	0.109***	-0.055***	-0.016	0.035**	0.024	-0.041***
DA	0.346***	0.198***	-0.252***	0.031**	-0.230***	1.000	0.140***	0.263***	-0.020	-0.355***	-0.041***	0.203***	0.011	0.097***	-0.063***	0.018
CV	0.036**	0.090***	-0.168***	0.112***	-0.160***	0.140***	1.000	0.050***	-0.378***	-0.257***	0.015	-0.043***	0.069***	-0.029**	-0.214***	0.055***
GRO	0.218***	-0.028*	0.113***	0.159***	0.043***	0.262***	0.000	1.000	0.283***	0.014	0.086***	0.240***	0.031**	0.092***	-0.003	-0.015
SIZE	0.079***	-0.013	0.059***	-0.006	0.042***	0.023	-0.341***	0.267***	1.000	0.260***	-0.022	0.125***	0.134***	0.088***	0.241***	-0.037**
LEV	-0.278***	-0.111***	0.157***	0.001	0.128***	-0.382***	-0.132***	-0.023	0.137***	1.000	-0.110***	-0.198***	0.025	-0.102***	0.051***	0.005
NOA	-0.081***	-0.078***	0.130***	-0.052***	0.134***	-0.022	0.015	0.163***	-0.001	-0.069***	1.000	0.005	-0.045***	-0.025	-0.090***	0.016
OPIT	0.215***	0.101***	-0.046***	-0.042***	-0.054***	0.265***	-0.060***	0.185***	0.135***	-0.309***	-0.034**	1.000	-0.019	0.069***	0.098***	-0.044***
BIGT	0.046***	0.001	-0.020	0.027*	-0.017	-0.007	0.047***	0.024	0.155***	0.016	-0.032**	-0.019	1.000	0.027	0.050***	0.001
OWC	0.135***	-0.008	0.037**	-0.050***	0.041***	0.099***	-0.050***	0.098***	0.115***	-0.119***	-0.052***	0.070***	0.023	1.000	0.117***	-0.068***
SOE	0.021	-0.005	0.020	-0.011	0.017	-0.042***	-0.178***	-0.003	0.249***	0.014	-0.085***	0.098***	0.050***	0.106***	1.000	-0.074***
DUAL	-0.015	-0.007	-0.040***	0.064***	-0.046***	0.007	0.028*	-0.003	-0.042***	0.024	0.023	-0.044***	-0.019	-0.071***	-0.074***	1.000

注:(1) 下三角为 Pearson 相关系数检验,上三角为 Spearman 等级相关系数检验;(2) ***、** 和 * 分别表示在 1%、5% 和 10% 水平上显著。

少了销售操控行为;第 2 列考察了现金分红行为与实际活动盈余管理中生产操控的关系,现金分红(CD)的回归系数为-0.040,在 1% 的水平上显著,表明现金分红样本组的异常生产成本(APROD)显著高于无现金分红样本组的对应水平,意味着相对于无现金分红公司而言,现金分红公司明显减少了生产操控行为;第 3 列考察了现金分红行为与实际活动盈余管理中费用操控的关系,现金分红(CD)的回归系数为 0.012,在 1% 的水平上显著,表明现金分红样本组的异常可操控费用(AEXP)显著高于无现金分红样本组的对应水平,意味着相对于无现金分红公司而言,现金分红公司明显减少了费用操控行为;第 4 列考察了现金分红行为与实际活动盈余管理整体程度的关系,现金分红(CD)的回归系数为-0.068,在 1% 的水平上显著,表明现金分红样本组的实际活动盈余管理整体程度(RM)显著低于无现金分红样本组的对应水平,意味着相对于无现金分红公司而言,现金分红公司明显减少了实际活动盈余管理方式。表中的第 5 列反映了现金分红行为对应计项目盈余管理影响的回归分析结果,现金分红(CD)的回归系数为 0.026,在 1% 的水平上显著,表明现金分红样本组的应计项目盈余管理(DA)显著高于无现金分红样本组的对应水平,意味着相对于无现金分红公司而言,现金分红公司明显增加了应计项目盈余管理方式。表 4 第 1—4 列的结果综合表明,现金分红公司的实际活动盈余管理程度显著低于无现金分红公司的对应水平;表 4 第 5 列的结果表明,现金分红公司的应计项目盈余管理程度显著高于无现金分红公司的对应水平。现金分红降低了实际活动盈余管理的程度,增加了应计项目盈余管理的程度,现金分红公司存在着盈余管理方式的"共谋"现象,这与本文理论分析相一致,研究假设 1 得到验证。

在控制变量方面,成长状况(GRO)与应计项目盈余管理呈现显著的负向关系,与 McNichols(2000)研究相一致,而与实际活动盈余管理的关系不显著,说明成长状况对实际活动盈余管理的影响有限;公司规模(SIZE)与实际活动盈余管理和应计项目盈余管理的关系都不显著,说明公司规模对盈余管理的作用并不明显;偿债能力(LEV)与实际活动盈余管理呈现显著的正向关系,而与应计项目盈余管理呈现显著的负向关系,意味着公司偿债能力较差时,公司将减少应计项目盈余管理、增加实际活动盈余管理,与李增福等(2011)的研究相一致;净资产高估水平(NOA)与实际活动盈余管理呈现显著的正向关系,而与应计项目盈余管理呈现显著的负向关系,说明净资产被高估的程度越大,表明前期的应计项目盈余管理程度越高,对当期的应计项目盈余管理产生抑制作用(Barton,2001),而提升了当期实际活动盈余管理程度(李彬等,2009);审计意见类型(OPIT)和会计师事务所规模(BIGT)与盈余管理方式的关系不显著,说明审计意见类型和会计师事务所规模对上市公司盈余管理行为尚不能起到明显的识别作用;股权集中度(OWC)与盈余管理方式的关系不显著,说明股权集中度对盈余管理的影响有限;产权性质(SOE)与应计项目盈余管理呈现显著的负向关系,表明相对于非国有企业,国有企业的应计项目盈余管理程度较低,而实际活动盈余管理在不同产权性质企业中的差异不显著；领导权结构（DUAL）与实际活动盈余管理呈现显著的负向关系，表明董事长兼任总经理的领导权结构在一定程度上能够抑制实际活动盈余管理行为。

表 4 现金分红对盈余管理方式影响的回归分析结果

变量	模型(4)				
	ACFO	APROD	AEXP	RM	DA
CD	0.016***	−0.040***	0.012***	−0.068***	0.026***
	(5.176)	(−8.423)	(4.044)	(−7.610)	(12.246)
GRO	−0.015	0.057***	0.045***	0.038	0.051***
	(−1.455)	(4.357)	(7.139)	(1.483)	(9.413)
SIZE	−0.001	0.006*	−0.004	0.010	−0.001
	(−0.315)	(1.758)	(−1.468)	(1.449)	(−0.807)
LEV	−0.032***	0.090***	−0.004	0.121***	−0.100***
	(−4.365)	(6.723)	(−0.401)	(4.919)	(−12.024)
NOA	−0.007***	0.015***	−0.007***	0.031***	−0.005***
	(−3.895)	(5.186)	(−4.157)	(6.059)	(−2.888)
OPIT	0.021***	0.006	−0.023***	0.005	0.023***
	(3.880)	(0.822)	(−4.991)	(0.362)	(4.810)
BIGT	−0.003	−0.001	0.004	−0.001	−0.001
	(−0.737)	(−0.237)	(1.153)	(−0.123)	(−0.219)
OWC	−0.011	0.024	−0.032**	0.067*	0.013
	(−0.915)	(1.164)	(−2.476)	(1.715)	(1.601)
SOE	−0.004	0.014*	0.001	0.018	−0.015***
	(−1.044)	(1.868)	(0.034)	(1.365)	(−5.458)
DUAL	−0.001	−0.015*	0.013**	−0.032**	0.004
	(−0.165)	(−1.905)	(2.474)	(−2.189)	(1.392)
常数项	0.011	−0.151**	0.096**	−0.241*	0.033
	(0.240)	(−2.115)	(1.993)	(−1.744)	(1.030)
INDU	yes	yes	yes	yes	yes
YEAR	yes	yes	yes	yes	yes
样本量	4410	4410	4410	4410	4410
Adj-R^2	0.030	0.102	0.053	0.070	0.282
F 值	4.285***	7.333***	3.867***	5.096***	27.557***

注：(1) 变量说明见表 1；(2) ***、** 和 * 分别表示在 1%、5% 和 10% 水平上显著，括号中为 t 值，并经 White 异方差调整和公司层面的 Cluster 处理。

（四）现金分红与公司价值关系及盈余管理方式中介效应检验

基于模型(7)和模型(8)，考察现金分红与公司价值的关系以及盈余管理方式的中介效应，分析结果列于表 5。运用模型(7)，采用多元线性回归分析方法，揭示现金分红对公司价值的影响，结果如表 5 第 1 列所示。现金分红（CD）的回归系数为 0.115，在 5% 的水平上显著，表明现金分红样本组的公司价值（CV）显著高于无现金分红样本组的对应水平，意味着相对于无现金分红公司而言，现金分红公司有着更高的公司价值，这与本文理论分析所预测的一致，研究假设 2 得到验证。

在假设1和假设2得到验证的基础上,通过模型(8)验证盈余管理方式对现金分红与公司价值关系的中介效应。借鉴Baron and Kenny(1986)所采用的中介效应检验方法:首先,在上文的表4中,我们可以看出现金分红对盈余管理方式有着显著的影响,上市公司现金分红行为显著降低了实际活动盈余管理的程度(在1%的水平上显著),显著增加了应计项目盈余管理的程度(在1%的水平上显著);其次,在表5的第1列中,可以看出现金分红对公司价值有显著的正向影响(变量CD的回归系数大于0,在5%的水平上显著);然后,在模型(7)中引入盈余管理方式(变量EM),如模型(8)所示,运用多元线性回归分析方法,回归分析结果如表5第2—6列所示。在第2列中反映了引入实际活动盈余管理中的销售操控之后的回归结果,现金分红对公司价值的正向影响依然是显著的(变量CD的回归系数为0.094,在5%的水平上显著),此时销售操控对公司价值的影响也是显著的(变量ACFO的回归系数为1.295,在1%的水平上显著),意味着销售操控程度的增加将造成公司价值的下降,销售操控负向影响着公司价值,表明实际活动盈余管理中的销售操控在现金分红与公司价值关系中具有部分中介效应;在第3列中反映了引入实际活动盈余管理中的生产操控之后的回归结果,现金分红对公司价值的正向影响不再显著,此时生产操控对公司价值的影响是显著的(变量APROD的回归系数为-1.695,在1%的水平上显著),意味着生产操控程度的增加将造成公司业绩的下降,生产操控负向影响着公司价值,表明实际活动盈余管理中的生产操控在现金分红与公司业绩关系中具有较强的中介效应;在第4列中反映了引入实际活动盈余管理中的费用操控之后的回归结果,现金分红对公司价值的正向影响依然是显著的(变量CD的回归系数为0.087,在10%的水平上显著),此时费用操控对公司价值的影响也是显著的(变量AEXP的回归系数为2.362,在1%的水平上显著),意味着费用操控程度的增加将造成公司价值的下降,费用操控负向影响着公司价值,表明实际活动盈余管理中的费用操控在现金分红与公司价值关系中具有部分中介效应;在第5列中反映了引入实际活动盈余管理整体程度之后的回归结果,现金分红对公司价值的正向影响不再显著,此时实际活动盈余管理整体程度对公司价值的影响是显著的(变量RM的回归系数为-0.934,在1%的水平上显著),意味着实际活动盈余管理整体程度的增加将造成公司业绩的下降,实际活动盈余管理负向影响着公司价值,表明实际活动盈余管理在现金分红与公司业绩关系中具有较强的中介效应;在第6列中反映了引入应计项目盈余管理之后的回归结果,现金分红对公司价值的正向影响不再显著,此时应计项目盈余管理对公司价值的影响是显著的(变量DA的回归系数为4.106,在1%的水平上显著),意味着公司业绩随着应计项目盈余管理程度的增加将增加,表明应计项目盈余管理在现金分红与公司业绩关系中具有较强的中介效应;最后,Sobel检验结果显示第2—6

列中的 Z 值对应的显著性水平为 1%,表明盈余管理方式的中介效应是显著的。

表 5 第 2—5 列的结果综合表明,实际活动盈余管理对现金分红与公司价值之间的关系具有中介效应,也就是说现金分红负向影响实际活动盈余管理,而实际活动盈余管理负向影响公司价值,假设 3.1 得到验证;表 5 第 6 列的结果表明,应计项目盈余管理对现金分红与公司价值之间的关系具有中介效应,也就是说现金分红正向影响应计项目盈余管理,而应计项目盈余管理正向影响公司价值,假设 3.2 得到验证;上述结果说明上市公司盈余管理方式对现金分红与公司价值之间的关系具有显著的中介效应,与本文理论分析所预测的基本一致,研究假设 3 得到验证。

表 5 现金分红与公司价值关系及盈余管理方式中介效应检验结果

变量	模型(7)	模型(8)				
		EM=ACFO	EM=APROD	EM=AEXP	EM=RM	EM=DA
CD	0.115**	0.094**	0.047	0.087*	0.052	0.009
	(2.444)	(2.010)	(1.010)	(1.914)	(1.129)	(0.199)
EM	—	1.295***	−1.695***	2.362***	−0.934***	4.106***
	—	(5.257)	(−5.707)	(3.789)	(−5.823)	(7.220)
GRO	0.222***	0.241***	0.319***	0.115	0.257***	0.012
	(3.099)	(3.368)	(4.172)	(1.562)	(3.517)	(0.168)
SIZE	−0.650***	−0.649***	−0.639***	−0.641***	−0.640***	−0.644***
	(−14.368)	(−14.548)	(−14.434)	(−14.068)	(−14.420)	(−14.975)
LEV	−0.493**	−0.451**	−0.341*	−0.484**	−0.380**	−0.083
	(−2.455)	(−2.289)	(−1.828)	(−2.475)	(−2.014)	(−0.447)
NOA	−0.071**	−0.062**	−0.046	−0.056*	−0.042	−0.052*
	(−2.299)	(−2.008)	(−1.534)	(−1.818)	(−1.381)	(−1.763)
OPIT	−0.264***	−0.290***	−0.254***	−0.208**	−0.259***	−0.357***
	(−2.781)	(−3.030)	(−2.723)	(−2.254)	(−2.766)	(−3.594)
BIGT	0.152***	0.156***	0.150***	0.142***	0.151***	0.155***
	(2.752)	(2.860)	(2.806)	(2.585)	(2.838)	(2.906)
OWC	0.366**	0.380**	0.406**	0.441***	0.428***	0.314*
	(2.104)	(2.224)	(2.462)	(2.636)	(2.597)	(1.896)
SOE	−0.197***	−0.192***	−0.174***	−0.198***	−0.180***	−0.136**
	(−2.872)	(−2.824)	(−2.714)	(−2.986)	(−2.777)	(−2.146)
DUAL	−0.014	−0.013	−0.039	−0.045	−0.044	−0.032
	(−0.207)	(−0.194)	(−0.580)	(−0.642)	(−0.643)	(−0.465)
常数项	16.067***	16.054***	15.811***	15.842***	15.842***	15.933***
	(18.055)	(18.288)	(18.122)	(17.578)	(18.091)	(18.795)
INDU	yes	yes	yes	yes	yes	yes
YEAR	yes	yes	yes	yes	yes	yes
样本量	4410	4410	4410	4410	4410	4410
Adj-R^2	0.376	0.381	0.393	0.386	0.393	0.400
F 值	51.430***	49.994***	49.697***	50.570***	50.035***	50.674***
Z 值	—	4.133***	7.517***	4.560***	7.188***	9.413***

注:(1)变量说明见表 1;(2)***、**和*分别表示在 1%、5%和 10%水平上显著,括号中为 t 值,并经 White 异方差调整和公司层面的 Cluster 处理;(3)Z 值为中介效应 Sobel 检验结果。

在控制变量方面,成长状况(GRO)与公司价值呈现正向关系,说明公司成长状况越好,公司价值越高。公司规模(SIZE)与公司价值呈现出显著的负向关系,说明上市公司追求规模的扩张不一定带来公司价值的提升,该结果与杜兴强等(2011)、夏立军和方轶强(2005)的研究结果相一致。偿债能力(LEV)与公司价值基本呈现出显著的负向关系,说明上市公司面临较大的偿债压力时将降低公司价值。净资产高估水平(NOA)与公司价值整体呈现出负向关系,说明净资产高估程度越高,公司价值越低。分析其原因,净资产被高估的水平越高,公司将增加实际活动盈余管理,造成公司价值的降低(李彬等,2009)。审计意见类型(OPIT)与公司价值呈现出显著的负向关系,说明标准无保留意见的审计报告对公司价值提升作用有限。会计师事务所规模(BIGT)与公司价值呈现出显著的正向关系,原因可能是十大会计师事务所的客户主要是以市值较大的公司为主。股权集中度(OWC)与公司价值呈现出显著的正向关系,说明股权趋于集中将对公司价值具有提升作用,与杜兴强等(2011)的研究结果相一致。产权性质(SOE)与公司价值呈现出负向关系,表明相对于非国有企业,国有企业的公司价值较低。领导权结构(DUAL)与公司价值关系不显著,表明董事长兼任总经理的领导权结构对公司价值的影响较为有限。

(五) 稳健性测试

1. 变量替代法

实证研究结果可能受到变量不同度量方式的影响,本文采用变量替代法测试研究结果的稳健性。

(1) 盈余管理方式。借鉴 Cohen and Zarowin(2010)的研究,将实际活动盈余管理整体程度(RM)在考虑方向一致性的基础上细分为 RM1 和 RM2,其中,RM1=(−1)× AEXP+APROD,RM2=(−1)×ACFO+(−1)×AEXP。RM1 和 RM2 的值越大,表示实际活动盈余管理程度越高。借鉴 Jones(1991)和陆建桥(1999)的研究,基于 Jones 模型(模型9)度量应计项目盈余管理程度,模型(9)中的变量含义和计算方法与模型(5)类似。

$$TA_{it}/A_{it-1} = \alpha_0(1/A_{it-1}) + \alpha_1(\Delta REV_{it}/A_{it-1}) + \alpha_2(FA_{it}/A_{it-1}) + \alpha_3(IA_{it}/A_{it-1}) + \varepsilon_{it} \tag{9}$$

(2) 其他变量的替换。公司价值(CV)的度量,以"(股权市值+净债务市值)/(期末总资产−无形资产净额)"为基础计算的托宾 Q 值,替换为以"(股权市值+净债务市值)/期末总资产"为基础计算的托宾 Q 值;公司成长状况(GRO)的度量,以营业收入增长率替代资产总额增长率;公司规模(SIZE)的度量,以公司市值对数替代资产总额对数;偿债能力的度量,以流动比率(CR)替代资产负债率(LEV);净资产高估水平(NOA)的度量,以"期末净经营资产/销售收入"与对应行业均值的比值替代"期末净经营资产/销售收入"与对应行业中值的比值;股权集中度(OWC)的度量,以前五大股东持股比例之和替代第一大股东持股比例；由于现金分红行为(CD)、审计意见类型(OPIT)、会计师事务所规模(BIGT)、产权性质(SOE)和公司领导权结构(DUAL)是虚拟变量,不被替换。

根据上述变量的替代度量方法,替代模型(6)—(8)中的对应变量,并对模型中的所有连续变量进行了上下1%的Winsorize处理。现金分红行为对盈余管理方式选择影响的稳健性分析结果其基本结论与表4一致,假设1再次得到验证;现金分红与公司价值的关系以及盈余管理方式中介效应的稳健性检验分析结果其基本结论与表5一致,假设2和假设3再次得到验证。

2. 扩大变量的缩尾程度

为了进一步避免变量极端值对实证研究结果所产生的影响,本文将所有连续变量的缩尾程度由上下1%扩大到上下5%。现金分红行为对盈余管理方式选择影响的稳健性分析结果其基本结论与表4一致,假设1依然得到验证;现金分红与公司价值的关系以及盈余管理方式中介效应的稳健性检验分析结果其基本结论与表5一致,假设2和假设3依然得到验证。

3. 采用业绩匹配方法度量应计项目盈余管理

借鉴Kothari et al.(2005)的研究,采用经过业绩匹配的盈余管理度量方法,反映应计项目盈余管理的程度。本文在业绩匹配过程中,依次运用了Jones模型和Jones扩展模型,计算应计项目盈余管理。本文所提出的三个研究假设依然得到验证。

五、研究结论与启示

本文对现金分红与盈余管理方式的选择及其对企业价值的影响进行了理论分析,并以1998—2010年我国A股市场上市公司为研究对象进行了实证检验。研究发现:(1)现金分红公司的实际活动盈余管理程度显著低于无现金分红公司的对应水平,而现金分红公司的应计项目盈余管理程度显著高于无现金分红公司的对应水平,说明上市公司的现金行为对盈余管理方式的选择有着显著的影响,现金分红显著降低了实际活动盈余管理程度,明显增加了应计项目盈余管理程度,现金分红公司存在着盈余管理方式的"共谋"现象;(2)相对于无现金分红公司而言,现金分红公司有着更高的公司价值,说明上市公司的现金分红行为有助于公司价值的提升;(3)在现金分红与公司价值之间的正向关系中,实际活动盈余管理和应计项目盈余管理具有显著的中介作用。上述研究结论为揭示我国上市公司现金分红与盈余管理方式的选择及其对企业价值的影响提供了有益的思考。

我们可以看出,上市公司现金分红对公司价值的提升具有积极作用,但是现金分红公司也存在着盈余管理方式的"共谋"现象,这在一定程度上反映了我国上市公司内部治理机制的缺陷和融资市场的不完善性。基于此,我们有如下启示:(1)完善现金分红制度,强化上市公司分红意识。我国 A 股市场上市公司向来"铁公鸡"居多,有些公司长达十多年没有利润分红,只增资扩股却不分红的"貔貅"现象备受股民诟病。上市公司持有大量自由现金流量容易滋生非理性投资行为,降低资源配置效率(俞红海等,2010)。本文的研究结论表明上市公司现金分红行为有助于公司价值的提升,具有显著的积极意义。因此,完善上市公司现金分红制度,例如将现金分红纳入公司再融资的审批条件中、将高管薪酬水平与现金分红情况相挂钩等,进一步提升上市公司分红的积极性,不仅有利于降低股东与管理者之间的代理成本、增加公司价值,而且有利于增强上市公司的投资者回报意识、提升投资者利益的保护程度。(2)完善公司内部治理机制,抑制上市公司盈余管理行为。"城堡往往是从内部攻破的",外部监督和管理并不能有效约束和控制企业管理者的盈余管理行为,完善公司内部治理机制更具理论和实践意义。公司治理机制有利于降低信息不对称水平、缓解企业利益相关者的利益冲突,更有利于约束企业管理者的机会主义倾向。本文的研究结果表明上市公司的现金分红行为对盈余管理方式的选择有着显著的影响,现金分红减少了实际活动盈余管理程度,增加了应计项目盈余管理程度。因此,我们在增强上市公司现金分红积极性的同时,更要强化股东大会、董事会、监事会、经营者和基层员工之间的制衡关系,充分发挥公司内部治理机制,防范上市公司的盈余管理行为,保护会计信息使用者的利益。(3)搭建优良的融资平台,改变争相权益融资的现状。当前融资渠道不畅,"重权益融资、轻债务融资"的偏好是导致我国上市公司消极分红的一个重要原因。相对于债务融资,权益融资没有到期还本付息的"硬约束",往往成为我国上市公司热衷的融资方式。搭建优良的融资平台,扩展融资渠道,改变单一的股权融资偏向,积极引导企业向银行、非银行金融机构进行融资,这不仅有助于缓解资源分配不均衡的问题,而且有助于缓解企业资金压力,避免因现金分红而造成企业资金紧张的局面,提升企业现金分红积极性。

参 考 文 献

[1] 杜兴强、曾泉、杜颖洁,2011,政治联系、过度投资与公司价值——基于国有上市公司的经验证据,《金融研究》,第 8 期,第 93—101 页。

[2] 冯旭南、李心愉、陈工孟,2011,家族控制、治理环境和公司价值,《金融研究》,第 3 期,第 149—164 页。

[3] 姜付秀、黄继承,2011,经理激励、负债与企业价值,《经济研究》,第 5 期,第 46—60 页。

[4] 李彬、张俊瑞、郭慧婷,2009,会计弹性与真实活动操控的盈余管理关系研究,《管理评论》,第 6 期,第 99—107 页。

[5] 李彬、张俊瑞、曾振,2011,实际活动操控、应计项目操控与会计弹性,《管理评论》,第 11 期,第 160—168 页。

[6] 李增福、董志强、连玉君,2011,应计项目盈余管理还是真实活动盈余管理?——基于我国2007年所得税改革的研究,《管理世界》,第1期,第121—134页。

[7] 刘星、陈丽蓉、刘斌,2006,非审计服务影响注册会计师独立性吗?——来自中国证券市场的经验数据,《会计研究》,第7期,第30—37页。

[8] 陆建桥,1999,中国亏损上市公司盈余管理实证研究,《会计研究》,第9期,第25—35页。

[9] 苏坤,2012,政府控制、制度环境与信贷资源配置,《公共管理学报》,第2期,第24—32页。

[10] 孙刚、朱凯、陶李,2012,产权性质、税收成本与上市公司股利政策,《财经研究》,第4期,第134—143页。

[11] 魏明海,2000,盈余管理基本理论及其研究述评,《会计研究》,第9期,第37—42页。

[12] 夏立军、方轶强,2005,政府控制、治理环境与公司价值——来自中国证券市场的经验证据,《经济研究》,第5期,第40—51页。

[13] 谢赤、闫荣城、欧辉生,2012,上市公司现金股利派发的财务效应研究——兼论现金股利代理成本理论的适用性,《湖南大学学报(社会科学版)》,第4期,第49—55页。

[14] 俞红海、徐龙炳、陈百助,2010,终极控股股东控制权与自由现金流过度投资,《经济研究》,第8期,第103—114页。

[15] 张祥建、徐晋,2006,投资者是否被上市公司的盈余管理行为所误导?——来自配股融资的证据,《南方经济》,第8期,第17—31页。

[16] Aharony J. and Swary I., 1980, Quarterly dividend and earnings announcements and stockholders' returns: An empirical analysis, *The Journal of Finance*, 35 (1), 1—12.

[17] Alzahrani M. and Lasfer M., 2012, Investor protection, taxation, and dividends original research article, *Journal of Corporate Finance*, 18 (4), 745—762.

[18] Barton J., 2001, Does the use of financial derivatives affect earnings management decisions? *The Accounting Review*, 76 (1), 1—26.

[19] Baron R. M. and Kenny D. A., 1986, The moderator-mediator variable distinction in social psychological research: Conceptual, strategic, and statistical considerations, *Journal of Personality and Social Psychology*, 51 (6), 1173—1182.

[20] Bhattacharya S., 1979, Imperfect information, dividend policy, and "the bird in the hand" fallacy, *Bell Journal of Economics*, 10 (1), 259—270.

[21] Chen C. J. P., Chen S. and Su X., 2001, Profitability regulation, earnings management, and modified audit opinions: Evidence from China, *Auditing: A Journal of Practice & Theory*, 20 (2), 9—30.

[22] Chen K. Y., Wu S.-Y. and Zhou J., 2006, Auditor brand name, industry specialization, and earnings management: Evidence from Taiwanese companies, *International Journal of Accounting, Auditing and Performance Evaluation*, 3 (2), 194—219.

[23] Cohen D. A., Dey A. and Lys T. Z., 2008, Real and accrual-based earnings management in the pre- and post-sarbanes-oxley periods, *The Accounting Review*, 83 (3), 757—787.

[24] Cohen D. A. and Zarowin P., 2010, Accrual-based and real earnings management activities around seasoned equity offerings, *Journal of Accounting and Economics*, 50 (1), 2—19.

[25] Dechow P. M., Sloan R. G. and sweeney A. R. 1995, Detecting earnings management, *The Accounting Review*, 70 (2), 193—225.

[26] Degeorge F., Patel J. and Zeckhauser R., 1999, Earnings management to exceed thresholds, *Journal of Business*, 72 (1), 1—33.

[27] Easterbrook F. H., 1984, Two agency-cost explanations of dividends, *American Economic Review*, 74 (4), 650—659.

[28] Gordon M. J., 1963, Optimal investment and financing policy, *Journal of Finance*, 18 (2), 264—272.

[29] Graham J. R., Harvey C. R. and Rajgopal S., 2005, The economic implications of corporate financial reporting, *Journal of Accounting and Economics*, 40 (1—3), 3—73.

[30] Gunny K., 2005, What are the consequences of real earnings management? Haas School of Business University of California, Berkeley.

[31] Hope O.-K. and Thomas W. B., 2008, Managerial empire building and firm disclosure, *Journal of Accounting Research*, 46 (3), 591—626.

[32] Jensen M. C., 1986, Agency costs of free cash flow, corporate finance, and takeovers, *American Economic Review*, 76 (2), 323—329.

[33] Jensen M. C. and Meckling W. H., 1976, Theory of the firm: Managerial behavior, agency cost and ownership structure, *Journal of Financial Economics*, 3 (4), 305—360.

[34] Jones J. J., 1991, Earnings management during import relief investigations, *Journal of Accounting Research*, 29 (2), 193—228.

[35] Kothari S., Leone A. and Wasley C., 2005, Performance matched discretionary accrual measures, *Journal of Accounting and Economics*, 39 (1), 163—197.

[36] McNichols M. F., 2000, Research design issues in earnings management studies, *Journal of Accounting and Public Policy*, 19 (4—5), 313—345.

[37] Roychowdhury S., 2006, Earnings management through real activities manipulation, *Journal of Accounting and Economics*, 42 (3), 335—370.

[38] Sankar M. R. and Subramanyam K. R., 2001, Reporting discretion and private information communication through earnings, *Journal of Accounting Research*, 39 (2), 365—386.

[39] Sunder S., 1997, *Theory of Accounting and Control*, Cincinnati, Ohio: South-Western College.

[40] Tucker J. W. and Zarowin P. A., 2006, Does income smoothing improve earnings informativeness? *The Accounting Review*, 81 (1), 251—270.

[41] Wang X., Manry D. and Wandler S., 2011, The impact of government ownership on dividend policy in China, *Advances in Accounting*, 27 (2), 366—372.

Cash Dividends, Earnings Management Choice and Corporate Value

HENG LIU

(*Sun Yat-Sen University*)

KUN SU

(*Northwestern Polytechnical University*)

BIN LI

(*Xi'an Jiaotong University*)

Abstract In recent years, there is increasing public concern about the phenomena of emphasizing on financing and ignoring investors' return of China's listed companies. The China Securities Regulatory Commission has issued a series of announcements designed to strengthen cash dividends of listed companies and strengthen the awareness of the investor's returns. Cash dividends and earnings management are hot issues of capital market, but accrual-based earnings management is the main content of the traditional earnings management research, real earnings management has been neglected. In theory, the behavior of cash dividend reduces the level of corporate cash flow, the change of earnings management can improve the level cash flow and the corporate performance, which eventually leads to the change of corporate value.

Using China's A-share market listed companies panel data from 1998 to 2010, this paper studies the relationships between cash dividends, earnings management and corporate value. We find that the extent of real earnings management of cash dividend companies is significantly lower than the corresponding extent of non-cash dividends companies, and the extent of accrual-based earnings management of cash dividend companies is greatly higher than the corresponding extent of non-cash dividends companies, which means that cash dividend behavior has a significant impact on the choice of the listed company earnings management, and there is the phenomenon of collusion between real earnings management and accrual-based earnings management. The cash dividend company has a higher corporate value than the non-cash dividend company, which indicates that the listed company's cash dividend behavior helps to enhance the corporate value. Further research suggests real earnings management and accrual-based earnings management have significant intermediary roles in the relationship between cash dividends and corporate value. These conclusions provide helpful insight for revealing the relationships among the cash dividend behaviors, earnings management and corporate value of Chinese listed companies, which is useful to protect the interests of investors by regulating cash dividend behaviors and constraining earnings management behaviors of listed companies.

This paper makes three contributions to the literature. First, this paper provides an explanation for reducing the pressure on cash flow of cash dividend company. We find that the listed company managers improve cash flow through decreasing real earnings management to ease the pressure of cash shortage caused by cash dividend, which shows that the traditional internal or external financing is not the only way to get cash flow, and real earnings management is also a way to adjust the level of cash flow. Second, this paper proposes a new view of affecting mechanism between cash dividends and corporate value. We find that there is existence of earnings management behavior in cash dividend companies, earnings management plays a significant intermediary role in the relationship between cash dividends and corporate value, which indicates that cash dividend behavior is not a simply direct impact on corporate value, and the intermediary role of earnings management is very important and not ignored. Third, this paper provides new content for the relationship between real earnings management and accrual-based earnings management. We find that the cash dividend companies significantly reduce real earnings management and increase accruals-based earnings management. There is an alternative relationship between real earnings management and accrual-based earnings management, which is a collusive relationship in essence.

Key words Cash Dividends, Real Earnings Management, Accrual-based Earnings Management, Corporate Value

有形信息、无形信息与分析师行为

黄 霖 黄宇虹[*]

摘 要 本文研究了有形信息、无形信息对分析师行为的影响。实证结果表明,分析师主要基于有形信息进行预测,股评、股评变化、盈余预测以及盈余预测变化均主要受到有形信息的影响;而无形信息对股评和股评变化的影响最显著,一定程度上验证了"过度自信"假说。进一步的研究发现,分析师对有形信息过度重视,四种预测指标均表现出对有形信息的过度反应;而股评和股评变化对无形信息的过度反应最严重,这一点满足"过度自信"假说。

关键词 有形信息 无形信息 过度反应

一、引 言

大量研究发现,股票市场中存在账面市值效应和长期反转效应。账面市值效应是指,对于账面市值比(book-to-market ratio)较高的公司,其股票在市场上的表现比账面市值比较低的公司更好。长期反转效应是指,过去3—5年表现较差的股票在其后3—5年内的表现会出现明显的逆转,而那些曾经表现较好的股票反而会表现得较差。目前在学术界对这两个现象的解释主要分为两大类,一类是从理性的角度,认为高账面市值比的公司由于在过去表现较差,它们有更高的财务困境风险(distress risk),因此要求更高的期望收益(例如,Fama and French,1993,1996)。另一类是从行为金融学的角度,认为投资者对企业过去的表现反应过度,过度反应造成了账面市值效应和长期反转效应(例如,De Bondt and Thaler,1985,1987;Lakonishok et al.,1994;Hong and Stein,1999)。两大领域对这一问题的探讨和争论一直持续至今。

Daniel and Titman(2006)(简称为DT)发现了无形信息在解释账面市值效应和长期反转效应中的作用。本文根据DT的研究,通过分析分析师研究报告最主要的两项内容——股评和每股收益预测(或盈余预测),并基于二者主观判

---

[*] 西南财经大学经济与管理研究院。通信作者:黄宇虹,E-mail:huangyuhong24@sina.com。本研究由中央高校基本科研业务费专项资金资助(JBK1207084)。

断程度上的差异,将分析师的行为与无形信息联系起来。DT认为,无形信息之所以能解释账面市值效应和长期反转效应,是因为投资者容易对较具主观色彩的信息反应过度,也即对无形信息反应过度。因此,通过检验股评和盈余预测所体现的主观判断程度差异,我们就能验证DT理论的正确性。

本文基于DT关于有形信息和无形信息的定义,关注的焦点在于有形信息和无形信息对股评和盈余预测影响的差异,以研究分析师在进行预测时对不同类型信息的选择,以及分析师对不同类型信息的把握能力,为正确认识我国分析师的专业技能提供直观的参考依据,同时也为市场各参与方识别分析师所传递的信息提供帮助。

二、文献回顾和研究假设

根据DT的研究,股票收益可以分为两个部分:一部分可以被企业过去的表现解释,即具体的会计类信息(accounting-based performance measures),例如账面市值比、收益、现金流、销售收入等,这类信息可以直接通过会计报表得到,可以认为是有形信息;而另一部分则与过去表现无关,只代表了与企业未来表现有关的信息,可以认为是无形信息,例如研发投入(因为研发投入的收益当前并不可见)以及商誉等。因此,股票收益中可以被会计类信息解释的部分即为有形收益,而另一部分则为无形收益。基于有形收益和无形收益的定义,该文证明了股票的未来收益和有形收益不相关,市场对无形信息的过度反应导致了无形收益和股票未来收益负相关,从无形收益的角度解释了账面市值效应。DT并没有发现企业会计类信息的过去表现与未来收益之间存在明显的联系,而是发现影响股票未来收益的是与企业未来表现有关的信息,即无形信息。然而已有结论则认为,市场对会计类信息过去表现(例如收益、销售收入)的歪曲导致了股票收益的一系列异象。

基于DT的发现,Jiang(2010)研究了无形信息对机构投资者交易行为的影响。该文认为,机构投资者根据无形信息从事交易,即买入无形收益高的股票,卖出无形收益低的股票。并且机构投资者对无形信息反应过度,具体表现为机构投资者卖出的低无形收益股票的未来收益要显著高于其买入的高无形收益股票。Sun and Wei(2011)通过研究有形信息和无形信息对分析师行为的影响,验证了"过度自信"假说。该文认为,由于股评比盈余预测包括更多分析师的主观判断,分析师在发布股评时更重视无形信息,并且表现出对无形信息的过度反应,而盈余预测却主要受到有形信息的影响。与"过度自信"假说不同,Chen and Jiang(2006)从个人动机的角度研究了公共信息和私人信息对分析师盈余预测的影响。该文认为,分析师为了促进股票交易赚得更多的交易佣金而较重视私人信息,并且在私人信息较为乐观的情况下,分析师的过度重视更严重;而在私人信息较为悲观的情况下,分析师的过度重视有所减轻,有时甚至表现出重视度不足。

针对国内分析师的信息来源、关注的信息类型等问题,胡奕明等(2003,2005)根据直接的问卷调查发现,我国分析师比较注重公开披露的信息,较少通过直接接触的方式(如公司新闻发布会、电话或走访)获取信息;并对股权变动、一般财务信息、会计政策和会计估值等信息比较重视,而对治理结构、薪酬结构、人员素质和审计意见等重视程度不够。信息重视度的排序为公开披露信息、间接资源、对公司的调研、非正式信息。因此,从胡奕明等(2003,2005)的调查结果可以说明,我国分析师主要关注的是公开披露的信息,尤其是会计类信息。

不仅分析师主要关注会计类信息,我国学者也主要从会计类信息的角度研究有形信息对分析师行为的影响,并且主要针对盈余预测。白晓宇(2009)从业绩预告的角度研究了上市公司信息披露对分析师盈余预测的影响。实证结果表明,是否按规定发布业绩预告对盈余预测准确性和预测分歧度均产生了显著影响。李丹和贾宁(2009)认为,公司财务报告中盈余信息的质量对分析师盈余预测的表现具有显著的影响。具体表现为,公司盈余质量越高,盈余预测越准确、分歧度越小。然而,盈余预测不仅反映了与"基本价值"有关的会计信息,还会受到非理性因素的影响。伍燕然等(2012)探讨了盈余预测产生偏差的原因,提出分析师的盈余预测偏差会受到投资者情绪的影响,认为情绪和利益驱动因素相结合才能更好地解释分析师的盈余预测偏差。

除了会计类的有形信息,非会计类的无形信息对经济活动的影响已变得日益重要,更多的信息表现出不可观测性。因此,本文将在有形信息和无形信息的基础上,研究二者对分析师行为的影响。根据 DT 的定义,有形信息是那些与企业过去表现有关的、可以被会计类指标所衡量的信息;而无形信息则是指与企业的过去表现无关、只与企业未来表现有关的信息。

根据 Francis and Soffer(1997) 和 Asquith et al. (2005) 的研究,股评和盈余预测反映的信息存在差异,二者均对股价产生了影响。因此可以认为,股评和盈余预测存在信息差异,有形信息和无形信息对二者的影响应存在差别。根据"过度自信"假说,当个体进行主观判断时,往往对那些无法量化的无形信息较为重视,并且随着主观化程度的加剧,这种重视程度愈加明显。本文认为,由于股评标准的不连续,只是 5 个简单的数字等级,股评比盈余预测更加不精确,包括更多分析师的主观判断。因此,鉴于股评和盈余预测的主观判断程度不同,股评和股评变化应主要受无形信息的影响,而盈余预测和盈余预测变化应主要受有形信息的影响。但是基于胡奕明等(2003,2005)的调查,我国分析师主要关注的是公开披露的会计类有形信息,并且我国的分析师队伍仍处在发展阶段,与成熟资本市场的分析师在专业技能上仍存在差距,因此我国分析师受到能力和成本的影响可能比较重视有形信息,因此"过度自信"假说可能并不完全适用。据此,本文提出以下问题:

问题1 股评和股评变化是否主要受无形信息的影响？而盈余预测和盈余预测变化是否主要受有形信息的影响？

三、研究设计和实证结果

（一）有形信息和无形信息的度量

本文首先根据 DT 的做法区分有形收益和无形收益。DT 将股票收益分为两部分，一部分可以被企业过去的表现解释，另一部分则与过去的表现无关，前者称为有形收益，而后者称为无形收益。具体而言，在以下回归中：

$$r_i(t-1,t) = \gamma_0 + \gamma_{BM} bm_{i,t-1} + \gamma_B r_i^B(t-1,t) + u_{i,t} \tag{1}$$

$r_i(t-1,t)$ 表示第 t 年股票的对数收益率；$bm_{i,t-1}$ 表示第 $t-1$ 年年底账面市值比的对数，用来衡量直至第 $t-1$ 年年底已有的有形信息；$r_i^B(t-1,t)$ 表示账面收益的对数（即账面价值的变化），其定义与股票收益类似，即第 $t-1$ 年账面价值为 1 元的股票，现在的账面价值为多少，用来衡量第 $t-1$ 年与第 t 年之间发生的有形信息。等式(1)的拟合值即为有形收益，用来衡量有形信息，即可以用企业会计指标衡量的与过去表现有关的信息，用 $r_{i,t}^T$ 表示；而残差即为无形收益，用来衡量无形信息，即只与企业未来表现有关的信息，用 $r_{i,t}^I$ 表示。并且 DT 也证明了可以将 $r_i^B(t-1,t)$ 表示为：

$$r_i^B(t-1,t) = r_i(t-1,t) + bm_{i,t} - bm_{i,t-1} \tag{2}$$

等式(1)和等式(2)只考虑了与账面市值比相关的有形信息，然而，除了账面市值比所体现的有形信息，销售收入也是重要的有形信息，因此有形收益和无形收益也可以通过等式(3)来计算：

$$r_i(t-1,t) = \gamma_0 + \gamma_{BM} bm_{i,t-1} + \gamma_{SP} sp_{i,t-1} + \gamma_B r_i^B(t-1,t) \\ + \gamma_S r_i^S(t-1,t) + u_{i,t} \tag{3}$$

等式(3)中，$sp_{i,t-1}$ 的定义类似于市销率，即第 $t-1$ 年年底的销售收入与流通市值比值的对数，并且 $r_i^S(t-1,t)$ 的计算与等式(2)类似：

$$r_i^S(t-1,t) = r_i(t-1,t) + sp_{i,t} - sp_{i,t-1} \tag{4}$$

将等式(1)或等式(3)计算的拟合值定义为有形收益，用来衡量有形信息；而将残差定义为无形收益，它体现了股票收益中无法被有形信息解释的部分，用来衡量无形信息。

（二）数据选取和描述统计

本文所有数据均来自 RESSET 数据库，选择 2005—2010 年的分析师预测数据，剔除金融和保险行业，剔除账面价值不为正的企业，剔除一年中只有一次预测的企业。最终得到 3 865 个样本。原始的分析师预测报告将股评分为 5 个等级：买入=10、增持=13、中性=20、减持=30、卖出=33。"买入"表示该股后市走势明显强于大盘走势,是最好的评级;"增持"表示该股后市走势强于大盘走势;"中性"表示该股后市走势不确定;"减持"表示该股后市走势弱于大盘走势;"卖出"表示该股后市走势明显弱于大盘走势,是最差的评级。本文根据已有文献的做法(例如,Loh and Stulz,2011),将股评转换为标准的5个等级:买入＝5、增持＝4、中性＝3、减持＝2、卖出＝1,分值越高股评越好。盈余预测选择对当年盈余进行的预测。并且样本筛选后,进一步计算每一年的一致股评与一致盈余预测,以及相邻年份之间一致股评与一致盈余预测的变化。这里将一致股评(以下简称股评)与一致盈余预测(以下简称盈余预测)分别定义为股评的年均水平和盈余预测的年均水平;一致股评变化(以下简称股评变化)定义为"当年的一致股评"－"上一年的一致股评",一致盈余预测变化[1](以下简称盈余预测变化)定义为"当年的一致盈余预测"－"上一年的一致盈余预测"。表1是对研究报告数、股评、盈余预测、有形收益、无形收益等所有涉及变量的描述统计。[2]

表 1 描述统计

	均值	标准差	最小值	中位数	最大值
研究报告数	65.794	66.653	2	42	444
研究报告数变化	−0.982	54.121	−227	1	206
股评(REC)	4.019	0.549	1	4.104	5
股评变化(ΔREC)	0.136	0.599	−3.250	0.101	3.809
盈余预测(EPS)	0.524	0.469	−0.390	0.420	7.365
盈余预测变化(ΔEPS)	0.040	0.313	−2.825	0.033	3.780
股票收益($r_{i,(t-1,t)}$)	0.306	0.778	−2.011	0.462	2.561
有形收益($r_{i,t}^T$)	0.307	0.695	−1.782	0.595	1.333
无形收益($r_{i,t}^I$)	−0.001	0.348	−0.940	−0.036	1.395
账面市值比($bm_{i,t-1}$)	−1.008	0.712	−4.610	−1	0.948
企业规模($mc_{i,t-1}$)	22.203	1.124	19.649	22.122	28.379

从表1的结果可以看出,分析师年均发布了约66份研究报告,并且每年的变化不大,年均变化只有−0.982;股评的年均分值为4.019,接近"增持"的分值,说明分析师倾向于给出较为正面的股评,并且股评年均变化为0.136,说明股评也倾向于向更正面的股评变化;盈余预测的平均水平为0.524元,盈余预测变化的平均水平为0.040元。

---

[1] 这里没有使用股价、实际盈余或上一年的一致盈余预测进行标准化处理,这是因为本文随后的部分需要比较有形信息、无形信息对一致盈余预测、一致盈余预测变化的影响,如果对一致盈余预测变化进行了标准化处理,将改变这一变量的数量级,使其不具备与一致盈余预测的比较;其次,股价、实际盈余本身就是有形信息,如果进行标准化处理,将混淆有形信息的作用。
[2] 由于本文涉及相邻年份之间股评变化和盈余预测变化的计算,并且随后的部分将利用投资组合的未来收益来检验分析师的过度反应现象。在数据收集阶段,完整的股票收益数据只到2011年,并且可用的分析师预测数据只包括2005—2011年,所以最终的研究对象包括2005—2010年6年的样本。

在对无形信息与账面市值比的相关关系研究中[3]，我们发现无形收益与账面市值比存在显著的负向关系，相关度为－0.474。并且如果根据无形收益从低到高分为5组，最低组的账面市值比为－0.745，而最高组的账面市值比为－1.673，无形收益与账面市值比负相关，并且二者的差异为0.928***，说明无形收益低的股票是"价值型"股票，而无形收益高的股票是"增长型"股票。此结果与Jiang(2010)和Sun and Wei(2012)的结果近似，也符合DT认为的账面市值比事实上是无形信息的一个代理变量。

(三)分析师行为与有形信息、无形信息

1. 按有形信息、无形信息分组

首先，通过分组的方式，简单直观地研究有形信息和无形信息如何对分析师行为产生影响。在每年年末，我们分别按照有形收益和无形收益对所有股票从低到高进行排序，并分为5组，分析当年的股评、股评变化、盈余预测以及盈余预测变化在组间的变动情况。

表2 有形信息、无形信息对分析师行为的影响

	按 t 年的有形收益分组					
	低	2	3	4	高	低—高
股评	3.984***	3.963***	3.983***	4.019***	4.061***	－0.076*
股评变化	0.076	0.089	0.125*	0.178*	0.242*	－0.166**
盈余预测	0.531***	0.469***	0.509***	0.507***	0.581***	－0.050*
盈余预测变化	0.032	0.023	0.040	0.035	0.098*	－0.066*
	按 t 年的无形收益分组					
	低	2	3	4	高	低—高
股评	3.862***	3.897***	3.989***	4.063***	4.199***	－0.337***
股评变化	－0.043	0.063	0.165	0.196**	0.330***	－0.372***
盈余预测	0.507***	0.465***	0.496***	0.521***	0.609***	－0.103*
盈余预测变化	－0.006	0.002	0.038	0.060	0.134**	－0.140***

注：表中的有形收益和无形收益根据等式(1)计算，如果根据等式(3)来计算有形收益和无形收益，并不影响本文结论。*、**、*** 分别表示在10%、5%、1%的显著性水平下显著。

从表2的结果可以看出，随着有形收益和无形收益从低到高变化，股评、股评变化、盈余预测以及盈余预测变化也变得更加正面，说明有形收益和无形收益分别与这四类指标正相关。

其次，股评和股评变化在有形收益、无形收益最低组与最高组之间表现出显著的差异。股评和股评变化在按无形收益分组时，最低组和最高组之间的差异分别为－0.337***、－0.372***，比按有形收益分组时的差异更大也更显著

---

[3] 这里研究的是同年的无形信息与账面市值比的关系，并对账面市值比进行了对数处理，为节省篇幅，具体结果未在文中呈现。

(按有形收益分组时,最低组和最高组之间的差异分别为-0.076^*、-0.166^{**}),表现出股评和股评变化这一更体现主观判断的指标主要受无形信息的影响。值得注意的是,股评在按有形收益、无形收益分组时分别从3.984、3.862变为4.061、4.199,表现出从"中性"股评向"买入"股评变化的趋势。本文认为,由于分析师很少给出"减持"和"卖出"股评,在样本中分别只占0.939%、0.249%,所以"中性"股评就相当于分析师的"减持"、"卖出"建议。另一方面,盈余预测和盈余预测变化在有形收益、无形收益最低组与最高组之间也表现出显著的差异,但是与预期不同,盈余预测和盈余预测变化没有表现出主要受有形信息的影响,反而是在按无形收益分组时,最低组和最高组之间的差异较大也更显著,因此有形信息、无形信息对盈余预测和盈余预测变化的影响需进一步验证。

2. 回归结果

分组分析较为简单直观地展示了有形信息、无形信息对分析师行为的影响。接下来,我们通过回归分析,在控制了其他影响因素后,来验证有形信息、无形信息对股评、股评变化、盈余预测以及盈余预测变化的影响。本文借鉴Sun and Wei(2011)的方法,建立如下模型:

$$\text{forecast}_{i,t} = \beta_0 + \beta_1 r_{i,t}^T + \beta_2 r_{i,t}^I + \beta_3 bm_{i,t-1} + \beta_4 mc_{i,t-1} + u_{i,t} \tag{5}$$

等式(5)中,当$\text{forecast}_{i,t}$为REC、ΔREC、EPS、ΔEPS时,分别表示股评、股评变化、盈余预测、盈余预测变化;$mc_{i,t-1}$表示第$t-1$年年底的流通市值;其他变量的定义与前面相同。

表3采用Fama-MacBeth回归方法,根据等式(1)计算的有形收益、无形收益研究有形信息、无形信息对股评、股评变化、盈余预测以及盈余预测变化的影响。如果"过度自信"假说成立,那么首先β_1和β_2应均为正,其次在模型1-1和模型1-2中,β_2应大于β_1,而在模型1-3和模型1-4中,β_1应大于β_2。从表3的结果可以看出,β_1和β_2均显著为正,说明有形信息、无形信息均对股评、股评变化、盈余预测以及盈余预测变化产生显著的影响,并随着有形收益、无形收益同向变化,即有形信息、无形信息越好,这四者均变得更加正面。但是进一步比较后发现,与无形信息相比,有形信息对股评、股评变化、盈余预测以及盈余预测变化均产生了更大的影响,β_1均比β_2大,说明分析师预测时更重视有形信息。这一结论与"过度自信"假说不完全一致。但是我们认为,由于我国的分析师在信息挖掘能力上还有待提高,并且他们出于成本的考虑可能更重视较易获得的有形信息,所以分析师在进行预测时更重视有形信息,导致这四类指标均主要受有形信息的影响。

但是值得注意的是,有形信息对股评变化的影响明显减小,具体表现为β_1在模型1-2中明显比模型1-1要小;并且β_1在模型1-3与模型1-4中的显著性要大于在模型1-1与模型1-2中的显著性,而β_2在模型1-1与模型1-2中的显著性要大于在模型1-3与模型1-4中的显著性,这些结果说明,虽然分析师预测时更重视有形信息,但是相比较而言,有形信息对盈余预测和盈余预测变化的影响更显著,而无形信息对股评和股评变化的影响更显著。

表3 有形信息、无形信息对分析师影响的回归分析

变量	系数	模型1-1 REC	模型1-2 ΔREC	模型1-3 EPS	模型1-4 ΔEPS
r^T	β_1	1.768**	0.588**	1.731***	1.222***
		(0.496)	(0.140)	(0.261)	(0.230)
r^I	β_2	0.375***	0.378***	0.188**	0.127**
		(0.064)	(0.052)	(0.041)	(0.036)
bm	β_3	−0.245*	0.042	−0.288**	−0.137
		(0.097)	(0.026)	(0.083)	(0.076)
mc	β_4	0.073**	0.004	0.153***	0.005
		(0.021)	(0.014)	(0.023)	(0.021)
常数项	β_0	1.555	0.0441	−3.653***	−0.502
		(0.913)	(0.384)	(0.641)	(0.289)
观测值个数		3865	3865	3865	3865
Ave-R^2		0.145	0.069	0.254	0.138

注:表中的有形收益和无形收益根据等式(1)计算,如果根据等式(3)来计算有形收益和无形收益,并不影响本文结论。*、**、***分别表示在10%、5%、1%的显著性水平下显著。

(四) 分析师的过度反应

虽然本文的已有结果不能彻底证明"过度自信"假说,因为股评、股评变化、盈余预测以及盈余预测变化均主要受有形信息的影响,但是相比之下,有形信息对盈余预测和盈余预测变化的影响更显著,而无形信息对股评和股评变化的影响更显著。说明在现阶段,我国分析师受到能力和成本等因素的影响,较为重视有形信息,但是由于股评和盈余预测确实存在主观判断程度上的差异,所以有形信息对盈余预测和盈余预测变化的影响更显著,无形信息对股评和股评变化的影响更显著,一定程度上验证了"过度自信"假说。

另一方面,从内容上来讲,股评和股评变化主要反映企业未来的增长机会,而盈余预测和盈余预测变化主要反映企业的财务表现,所以如果股评和股评变化本就应该主要受无形信息的影响,而盈余预测和盈余预测变化本就应该主要受有形信息的影响,那么理性的分析师只是将这些信息充分地反映在研究报告中而已,即分析师行为是有效的。因此,本文需要进一步区分分析师是"过度自信"还是"理性"地处理信息。

根据已有结论,我国分析师比较重视有形信息,那么他们是否过度重视有形信息? 如果过度重视确实存在,那么应观察到股评、股评变化、盈余预测以及盈余预测变化对有形信息的过度反应。与此同时,如果"过度自信"假说成立,那么应观察到股评、股评变化对无形信息的过度反应。据此,本文提出以下问题:

问题2 股评、股评变化、盈余预测以及盈余预测变化是否表现出对有形信息的过度反应? 股评、股评变化是否表现出对无形信息的过度反应?

由前面的结果可知,对于低有形收益的股票,分析师倾向于调低当期股评,但若该股票在未来有更好的表现,则说明分析师在当期对低有形收益的股票存在过度反应。对于高有形收益的股票,若观察到在未来表现变差,则同样说明分析师对高有形收益的股票存在过度反应。因此,如果存在股评对有形信息的过度反应,那么低有形收益、低股评投资组合的未来收益应大于高有形收益、高股评投资组合的未来收益。同理,如果存在股评对无形信息的过度反应,那么低无形收益、低股评投资组合的未来收益应大于高无形收益、高股评投资组合的未来收益;类似地,如果将股评替换为股评变化、盈余预测以及盈余预测变化,可以研究这三者是否存在对有形信息或无形信息的过度反应。具体做法是,根据第 t 年的有形收益按升序分为五组,同时根据第 t 年的股评按升序也分为五组,两两交叉得到 25 个投资组合,其中低有形收益、低股评的投资组合以及高有形收益、高股评的投资组合是本文关注的对象,研究这两个投资组合在第 $t+1$ 年的收益;类似地,可以将有形收益替换为无形收益,股评替换为股评变化、盈余预测以及盈余预测变化。

从表 4 的结果可以看出,低有形收益、低股评投资组合的未来收益要大于高有形收益、高股评投资组合的未来收益;低无形收益、低股评投资组合的未来收益要大于高无形收益、高股评投资组合的未来收益。类似地,其他两两组合的低有形收益、低无形收益与低股评变化、低盈余预测、低盈余预测变化投资组合的未来收益均大于两两组合的高有形收益、高无形收益与高股评变化、高盈余预测、高盈余预测变化投资组合的未来收益。这些结果说明,股评、股评变化、盈余预测以及盈余预测变化均表现出对有形信息的过度反应,说明我国分析师过度重视有形信息;并且股评和股评变化表现出对无形信息的过度反应,这一点与"过度自信"假说一致;但是盈余预测和盈余预测变化也表现出对无形信息的过度反应,这说明我国分析师对无形信息的把握能力较差,使得包含无形信息较少的盈余预测和盈余预测变化也对无形信息反应过度。

表 4　分析师预测对有形信息和无形信息的过度反应

序号	投资组合	低	高	低—高
1	(低有形收益,低股评)vs(高有形收益,高股评)	0.0311	0.0180	0.0131
2	(低无形收益,低股评)vs(高无形收益,高股评)	0.0286	0.0152	0.0135
3	(低有形收益,低股评变化)vs(高有形收益,高股评变化)	0.0321*	0.0183	0.0139**
4	(低无形收益,低股评变化)vs(高无形收益,高股评变化)	0.0303*	0.0144	0.0159*
5	(低有形收益,低盈余预测)vs(高有形收益,高盈余预测)	0.0323*	0.0171	0.0151
6	(低无形收益,低盈余预测)vs(高无形收益,高盈余预测)	0.0279	0.0135	0.0144
7	(低有形收益,低盈余预测变化)vs(高有形收益,高盈余预测变化)	0.0296*	0.0161	0.0117**
8	(低无形收益,低盈余预测变化)vs(高无形收益,高盈余预测变化)	0.0306*	0.0178	0.0173**

注:表中的有形收益和无形收益根据等式(1)计算,如果根据等式(3)来计算有形收益和无形收益,并不影响本文结论。并且表中计算的是每一个投资组合的时间序列等权月度收益。*、**、*** 分别表示在 10%、5%、1% 的显著性水平下显著。

为了更加准确地研究股评、股评变化、盈余预测以及盈余预测变化是否对有形信息、无形信息存在过度反应,本文构建以下"0"成本投资组合[4]:例如,买入低有形收益、低股评的股票,并卖出高有形收益、高股评的股票,以验证未来是否获得了显著的正向收益,如果过度反应存在,那么应表现出显著为正的未来收益;类似地,可以将有形收益替换为无形收益,股评替换为股评变化、盈余预测以及盈余预测变化。

从表5的结果可以看出,无论是有形收益还是无形收益,无论是股评还是股评变化、盈余预测、盈余预测变化,所有"0"成本投资组合在第$t+1$年均获得了正向收益。例如,买入低有形收益、低股评的股票,同时卖出高有形收益、高股评的股票,其未来一年的收益为0.0460,并且根据Fama and French(1993)三因子模型和Carhart(1997)四因子模型计算的$α^5$分别为0.0164、0.0118,说明股评对有形信息存在过度反应。类似地,股评对无形信息、股评变化对有形信息和无形信息、盈余预测对有形信息和无形信息、盈余预测变化对有形信息和无形信息也均存在过度反应。比较不同的投资组合后发现,如果在有形信息和无形信息之间比较,那么股评、股评变化对无形信息的过度反应要更加严重,具体表现为,投资组合2、4的未来收益、Fama-French三因子模型的$α$和Carhart四因

表5 "0"成本投资组合的未来收益

序号	"0"成本投资组合	未来收益	Fama-French $α$	Carhart $α$
1	(低有形收益,低股评)—(高有形收益,高股评)	0.0460*	0.0164*	0.0118
2	(低无形收益,低股评)—(高无形收益,高股评)	0.0467*	0.0223**	0.0142
3	(低有形收益,低股评变化)—(高有形收益,高股评变化)	0.0509*	0.0262**	0.0190
4	(低无形收益,低股评变化)—(高无形收益,高股评变化)	0.0549**	0.0293***	0.0212**
5	(低有形收益,低盈余预测)—(高有形收益,高盈余预测)	0.0444*	0.0177**	0.0148
6	(低无形收益,低盈余预测)—(高无形收益,高盈余预测)	0.0464*	0.0209**	0.0109
7	(低有形收益,低盈余预测变化)—(高有形收益,高盈余预测变化)	0.0522**	0.0363***	0.0345***
8	(低无形收益,低盈余预测变化)—(高无形收益,高盈余预测变化)	0.0516**	0.0303***	0.0170*

注:表中的有形收益和无形收益根据等式(1)计算,如果根据等式(3)来计算有形收益和无形收益,并不影响本文结论。*、**、***分别表示在10%、5%、1%的显著性水平下显著。

---

[4] "0"成本投资组合的构建:根据每个组合各年的流通股市值加权平均收益,可以得到买入组合和卖出组合之间的权重分配,并按照这一权重将该投资组合持有1年,从而得到"0"成本投资组合未来一年的月度收益。为了保证流通市值的变化不影响各买入、卖出组合的未来收益,仍选择组合形成时的流通市值来计算买入、卖出组合的未来收益。
[5] 本文根据所有A股各年年末流通市值的中位数将股票分为小规模股票(S)和大规模股票(B),并根据各年年末的BM值按30%、40%、30%的比例分为低(L)、中(M)、高(H)三组,这样两两交叉得到6个组合,利用每个组合第$t+1$年的流通市值加权平均月度收益即可得到规模因子(SMB)和价值因子(HML)。动量因子(MOM)的计算采用11个月的形成期,并持有期设定为1个月,即根据过去11个月的收益将股票按30%、40%、30%的比例分为三组,其中最高组为赢家组合,最低组为输家组合,并计算每一组合当月的等权收益,赢家组合与输家组合之间的差值即为动量因子(MOM)。市场因子(MKT)采用A股市场的流通市值加权平均市场收益与一年期定期存款月利率之间的差值。

子模型的 α 均分别大于投资组合 1、3；类似地，盈余预测变化对有形信息的过度反应更加严重，具体表现为，投资组合 7 的未来收益、Fama-French 三因子模型的 α 和 Carhart 四因子模型的 α 均大于投资组合 8；然而，盈余预测却表现出对无形信息的过度反应更加严重，具体表现为，投资组合 6 的未来收益、Fama-French 三因子模型的 α 均大于投资组合 5，但是投资组合 6 的 Carhart 四因子模型的 α 却小于投资组合 5。

综合表 4 和表 5 的结果可以说明，股评、股评变化、盈余预测以及盈余预测变化均表现出对有形信息的过度反应，说明我国分析师过度重视有形信息。虽然股评、股评变化、盈余预测以及盈余预测变化均表现出对有形信息和无形信息的过度反应，但是相对而言，股评和股评变化对无形信息的过度反应最严重，这一点与"过度自信"假说一致。值得注意的是，盈余预测和盈余预测变化也表现出对无形信息的过度反应，甚至盈余预测对无形信息的过度反应比对有形信息的过度反应更加严重，这说明我国分析师对无形信息的把握能力较差，使得包含无形信息较少的盈余预测和盈余预测变化也对无形信息反应过度。

既然"0"成本投资组合在第 $t+1$ 年的收益显著为正，那么这些投资组合在第 $t+1$ 年的收益是否存在某种时间变化趋势。表 6 显示了"0"成本投资组合在第 $t+1$ 年各持有期的累积收益。从表 6 的结果可以看出，8 种"0"成本投资组合在第 $t+1$ 年各持有期的累积收益基本为正，尤其当持有 2 个月和持有 7 个月时表现显著，除此以外并没有表现出明显的时间变化趋势。

四、稳健性检验

根据 DT 的结论，无形收益和股票未来收益呈负相关关系。并且 Jiang（2010）的研究发现，机构投资者对无形信息的过度反应加剧了无形收益与股票未来收益之间的负相关。Sun and Wei（2011）针对分析师行为的研究也发现，股评对无形信息的过度反应加剧了无形收益与股票未来收益之间的负相关。因此，如果存在无形收益和股票未来收益之间的负相关，那么本文关于分析师行为对无形信息过度反应所采用的方法，例如低无形收益、低股评投资组合的未来收益要高于高无形收益、高股评投资组合的未来收益，可能是由无形收益与未来收益之间的负向关系引起的。因此，本文需要进一步验证无形收益与股票未来收益之间的负相关是否混淆了分析师行为对无形信息的过度反应。

表6 "0"成本投资组合未来收益的累积变化

t+1年的持有期	"0"成本投资组合1	"0"成本投资组合2	"0"成本投资组合3	"0"成本投资组合4
1个月	0.1142	0.0834	0.1363	0.1323
2个月	0.1413***	0.1452**	0.1184***	0.1167**
3个月	0.1113	0.1154	0.1082	0.1473
4个月	0.0557	0.0799	0.0553	0.0837
5个月	0.0116	−0.0235	0.0033	−0.0165
6个月	−0.1023	−0.0734	−0.0912	−0.0861
7个月	0.1874**	0.1942*	0.2214*	0.2013*
8个月	−0.1347	−0.1093	−0.1152	−0.1174
9个月	0.0546	0.0528	0.0422	0.0472
10个月	−0.0185	−0.0137	0.0039	0.0217
11个月	0.0786	0.0707	0.0726	0.0699
12个月	0.0485	0.0394	0.0561	0.0587
t+1年的持有期	"0"成本投资组合5	"0"成本投资组合6	"0"成本投资组合7	"0"成本投资组合8
1个月	0.1209	0.0645	0.0968	0.0683
2个月	0.1179***	0.1521**	0.0973***	0.1452**
3个月	0.0865	0.1092	0.0718	0.0907
4个月	0.0891	0.0814	0.0981	0.0695
5个月	0.0175	−0.0141	0.0166	−0.0097
6个月	−0.0906	−0.0688	−0.0593	−0.0395
7个月	0.1635**	0.1636**	0.2023**	0.1992**
8个月	−0.1338	−0.1075	−0.0784	−0.0881
9个月	0.0428	0.0521	0.0427	0.0578
10个月	−0.0163	−0.0194	0.0385	0.0068
11个月	0.0715	0.0802	0.0325	0.0716
12个月	0.0617	0.0649	0.0686	0.0477

注:表中的"0"成本投资组合均来自表4和表5。*、**、***分别表示在10%、5%、1%的显著性水平下显著。

表7的模型2-1和模型2-2分别采取等式(1)和等式(3)计算有形收益和无形收益,并验证第 t 年的有形收益和无形收益是否影响了第 $t+1$ 年的股票收益。结果显示,无形收益和股票的未来收益之间没有表现出显著的负向关系。因此,该结论保证了本文关于分析师行为对无形信息过度反应所采用方法的合理性,例如低无形收益、低股评投资组合的未来收益要高于高无形收益、高股评

投资组合的未来收益,这一结果并不是由无形收益与未来收益之间的负向关系引起的,而是由分析师对无形信息的过度反应造成。

表7 有形收益和无形收益对股票未来收益的影响

变量	模型 2-1 r	模型 2-2 r
r^T	−0.197	−0.118
	(0.393)	(0.338)
r^I	−0.124	−0.129
	(0.087)	(0.087)
常数项	0.270	0.209
	(0.367)	(0.321)
观测值个数	3864	3864
Ave-R^2	0.074	0.073

注：*、**、*** 分别表示在10％、5％、1％的显著性水平下显著。

五、结 论

本文研究了有形信息、无形信息对分析师行为的影响。由于股评、股评变化、盈余预测以及盈余预测变化存在主观判断程度上的差异,并且股评和股评变化主要反映企业未来的增长机会,而盈余预测和盈余预测变化主要反映企业的财务表现,所以有形信息和无形信息对股评、股评变化、盈余预测以及盈余预测变化的影响应存在差异。本文的结论说明,有形信息和无形信息均对股评、股评变化、盈余预测以及盈余预测变化产生了显著的影响,并随着有形收益和无形收益同向变化;其次,分析师主要基于有形信息进行预测,四种指标均主要受到有形信息的影响;然而与盈余预测和盈余预测变化相比,无形信息对股评和股评变化的影响更加显著,一定程度上验证了"过度自信"假说。本文的结论也说明了我国分析师对有形信息过度重视,股评、股评变化、盈余预测以及盈余预测变化均表现出对有形信息的过度反应。但是相对而言,股评和股评变化对无形信息的过度反应最严重,这一点与"过度自信"假说一致。值得注意的是,盈余预测和盈余预测变化也表现出对无形信息的过度反应,甚至盈余预测对无形信息的过度反应比对有形信息的过度反应更加严重,这说明我国分析师对无形信息的把握能力较差,使得包含无形信息较少的盈余预测和盈余预测变化也对无形信息反应过度。

至此,本文通过识别股评和盈余预测主观判断程度的差异,区分了有形信息和无形信息对不同预测指标在信息影响和过度反应上的差异。我们认为,分析师主要基于有形信息进行预测,甚至过度重视有形信息,并且对无形信息的把握能力较差。随着市场上越来越多无形信息的出现,以及投资者对无形信息的需求,分析师应有效利用无形信息,更加充分地将无形信息体现在研究报告中。同时,各机构也应注重对分析师信息收集能力的培养,尤其是对非公开披露信息的收集,并且努力提高分析师的信息解读能力,客观正确地理解信息,保证预测的质量。

参 考 文 献

[1] 白晓宇,2009,上市公司信息披露政策对分析师预测的多重影响研究,《金融研究》,第 4 期,第 92—112 页。

[2] 胡奕明、林文雄、王玮璐,2003,证券分析师的信息来源、关注域与分析工具,《金融研究》,第 12 期,第 52—63 页。

[3] 胡奕明、林文雄,2005,信息关注度、分析能力与分析质量,《金融研究》,第 2 期,第 46—58 页。

[4] 李丹、贾宁,2009,盈余质量、制度环境与分析师预测,《会计研究》,第 4 期,第 352—370 页。

[5] 伍燕然、潘可、胡松明、江婕,2012,行业分析师盈余预测偏差的新解释,《经济研究》,第 4 期,第 149—160 页。

[6] Asquith, P., M. B. Mikhail and A. S. Au, 2005, Information content of equity analyst reports, *Journal of Financial Economics*, 75(2), 245—282.

[7] Carhart, M. M., 1997, On persistence in mutual fund performance, *Journal of Finance*, 52(1), 57—82.

[8] Chen, Q. and W. Jiang, 2006, Analysts' weighting of private and public information, *Review of Financial Studies*, 19(1), 319—3551.

[9] Daniel, K. and S. Titman, 2006, Market reactions to tangible and intangible information, *Journal of Finance*, 61(4), 1605—1643.

[10] DeBondt, W. F. M. and R. H. Thaler, 1985, Does stock market overreact? *Journal of Finance*, 40(3), 793—805.

[11] DeBondt, W. F. M. and R. H. Thaler, 1987, Further evidence on investor overreaction and stock market seasonality, *Journal of Finance*, 42(3), 557—581.

[12] Fama, E. and K. French, 1993, Common risk factors in the returns on stocks and bonds, *Journal of Financial Economics*, 33(1), 3—56.

[13] Fama, E. and K. French, 1996, Multifactor explanations of asset pricing anomalies, *Journal of Financial Economics*, 51(1), 55—84.

[14] Francis, J. and L. Soffer, 1997, The relative informativeness of analysts' stock recommendations and earnings forecast revisions, *Journal of Accounting Research*, 35(2), 193—211.

[15] Hong, H. and J. C. Stein, 1999, A unified theory of underreaction, momentum trading, and overreaction in asset markets, *Journal of Finance*, 54(6), 2143—2184.

[16] Jiang, H., 2010, Institutional investors, intangible information, and the book-to-market effect, *Journal of Financial Economics*, 96(1), 98—126.

[17] Lakonishok, J., A. Shleifer and R. W. Vishny, 1994, Contrarian investment, extrapolation and risk, *Journal of Finance*, 49(5), 1541—1578.

[18] Loh, R. K. and R. M. Stulz, 2011, When are analyst recommendation changes influential? *The Review of Financial Studies*, 24(2), 593—627.

[19] Sun, L. and K. C. J. Wei, 2011, Intangible information and analyst behavior, SSRN Working Paper, No. 1781172.

Tangible Information, Intangible Information, and Analyst Behavior

Lin Huang Yuhong Huang

(Southwestern University of Finance and Economics)

Abstract This paper studies how tangible information and intangible information affect analyst behavior. There are subjective judgment differences among recommendations, changes of recommendations, earnings forecasts, and changes of earnings forecasts. Recommendations and changes of recommendations mainly reflect corporate growth opportunities in the future, whereas earnings forecasts and changes of earnings forecasts mainly reflect corporate financial performances. Thus tangible information and intangible information should have different impact on recommendations, changes of recommendations, earnings forecasts, and changes of earnings forecasts. The empirical results show that tangible information and intangible information both significantly affect the four forecasting items, and they change in the same direction as tangible information and intangible information. Analysts' forecasts are mainly based on tangible information, because the four forecasting items are mainly affected by tangible information. However, compared to earnings forecasts and changes of earnings forecasts, intangible information affect recommendations and changes of recommendations more significantly, which means the overconfidence hypothesis partially makes sense. Further, analysts overweight tangible information, because all of the four forecasting items overreact to tangible information. But in contrast, recommendations and changes of recommendations overreact to intangible information more strongly, which is in accordance with the overconfidence hypothesis. Finally, it's worth noting that earnings forecasts and changes of earnings forecasts also overreact to intangible information, which indicates that analysts are incapable to fully understand intangible information, this causes earnings forecasts and changes of earnings forecasts overreact to intangible information.

Key words Tangible Information, Intangible Information, Overreaction

风险投资减持过程中的机会主义
——基于盈余管理视角的研究

胡志颖　蔡卫星　丁园园　韩金金*

摘　要　通过研究风险投资减持过程中的盈余管理，本文发现，在减持过程中，风险投资试图影响管理层，以提高减持前的会计收益，从而获得更高的减持收益，但这种模式只存在利用后半年定期报告进行减持时机选择的情况下，这意味着风险投资的盈余管理减持时机选择有赖于上市公司本身的盈余管理动机。且随着风险投资在减持前持股比例的增加，风险投资减持对后半年季度盈余管理的影响能力进一步增加。进一步研究发现，由于国有风险投资对被投资企业的谈判能力更强，参与程度更高，其表现出比非国有风险投资更显著的减持机会主义。在控制内生性问题后，上述结论依然没有发生重大变化。

关键词　风险投资减持　锁定期　季度盈余管理　国有风险投资

一、引　言

创始人和投资者之间严重的信息不对称常常导致市场失灵。因此，如何向高成长的公司配置资源是资本市场发展面临的最重大的挑战之一。风险投资通过连接所有权和控制权，打通了机构投资者和创业者之间的资金流动。风险投资是指投资于企业 IPO 之前的资本，并通过出售或清算股权获得回报。在诸退出方式中，IPO 因其可带来较高的投资收益率而成为备受青睐的方式（Liu, 2009）。因此，风险投资对经济的最大影响也体现在 IPO 公司中。近年来，在资本国际化的影响和国内政策的扶持下，我国的风险投资市场得到了快速发展。风险投资由此成为 IPO 公司的发起人股东和资本市场的重要参与者，据清科研究中心数据，我国近 50% 的中小板和创业板 IPO 公司见证了风险投资的积极参与。为了加强投资者保护，我国政府强制性地规定了风险投资 IPO 后的股权

---

* 胡志颖、蔡卫星、丁园园，北京科技大学东凌经济管理学院；韩金金，中国航天三院 304 所。通信作者：胡志颖，E-mail：huzy@manage.ustb.edu.cn。本文受到国家自然科学基金（71202043）、中央高校基本科研业务费项目（FRF-TP-12-122A）、北京科技大学研究型教学示范课程建设项目（KC2013YJX22）、北京科技大学教改项目（JG2013M42）的支持。

锁定期,锁定期结束后风险投资大股东的减持将不仅给市场带来重大的压力,也给IPO公司带来负面的影响,这些影响来自于因风险投资退出而减少对被投资企业的监督和增值服务(Campbell and Frye,2009)。因此,锁定期后的风险投资的行为对资本市场的健康发展至关重要。

与其他大股东相比,风险投资股东减持有其特殊性,具体表现在:一方面,风险投资不是完全意义上的剩余索取人,其有限的寿命和组织结构的特殊性决定了其必然关注如何在短期内收回投资并获得高额利润,因此风险投资有机会主义的一面(Gompers,1996;Elitzur and Gavious,2003;Darrough and Rangan,2005;Cohen and Langberg,2009)。这种机会主义也体现在IPO后的股权减持上(Luo,2005)。Gompers and Lerner(1998)、Atanasove et al.(2006)、Cadman and Sunder(2008)和Masulis and Nahata(2011)从不同角度实证检验了风险投资机会主义的存在。另一方面,风险投资的投资行为是一种重复博弈,因此专业投资者声誉对其未来的投资和融资至关重要,在这种情形下,风险投资在减持时必须考虑到声誉成本和诉讼成本,因此它们慎重进行减持决策,甚至试图通过继续持有高估的IPO股票建立声誉(Lin and Smith,1998)。Cumming and MacIntosh(2003)的研究证实,基于监督成本及声誉成本的考虑,风险投资往往会选择锁定期后继续持有股份而不是完全退出。

那么在股权减持时,风险投资股东是表现出机会主义还是职业投资精神,将取决于其对高收益或成本的综合考虑。目前,该领域的大部分文献是基于美国和欧洲市场的背景。风险投资在IPO后的减持行为在我国仍是新兴现象,相关研究较少。制度环境的不同导致我国风险投资行为与西方存在根本性的差别(Bruton and Ahlstrom,2003)。且我国资本市场发展时间较短,市场机制和配套制度仍不完善,对投资者的保护较弱。因此,从盈余管理角度,探讨我国制度背景下股权锁定期结束后风险投资的减持行为,不仅能为风险投资在资本市场上的作用提供进一步证据,而且可给投资者以投资警示。

本文以2009—2011年上市,在2012年12月31日前锁定期结束的并能明确减持时间和规模的中小板和创业板公司为样本,研究风险投资减持过程中的盈余管理,发现在减持过程中,风险投资存在机会主义行为,它们试图利用高的会计收益,影响减持前的股票价格,从而获得更高的减持收益,但这种模式只存在利用后半年定期报告信息进行减持时机选择的情况下,主要原因在于给出好的年度业绩以避免证券监管。上市公司的盈余管理有季度性特点,随着时间迁移,公司对于年度的经营状况更加明朗,因此公司的盈余管理程度相应增加,后半年的盈余管理程度要高于前半年(徐焱军和刘国常,2010;陈武朝和王可昕,2011)。因此,风险投资的盈余管理减持时机选择并不是毫无条件的,其有赖于上市公司自身对盈余管理的需求,只有在上市公司本身有较高的盈余管理动机时,风险投资才能借机对管理层产生影响。随着风险投资在减持前持股比例的增加,这种模式进一步强化,同时,由于国有风险投资对被投资企业的谈判能力更强,参与程度更高,其表现出比非国有风险投资更高的减持机会主义。在控制内生性问题后,上述结论依然没有发生重大变化。

本文有如下贡献:(1)进一步从减持过程中盈余管理的角度验证了在我国市场上存在风险投资的机会主义问题。(2)风险投资是一种大股东,但因为有限的寿命和组织结构决定了它们与其他的大股东存在着不同,因此本文的研究从机构投资者的角度丰富了大股东减持的文献。(3)不仅如此,风险投资还是特殊的一种机构大股东,虽然目前已有文献发现了机构投资者的机会主义,但从IPO后股权减持和盈余管理的角度分析的还很少,因此本文是机构投资者相关文献的补充。

后文的结构安排如下:第二部分是理论分析和研究假设,第三部分是研究设计,第四部分是实证结果及分析,第五部分是稳健性检验,最后一部分是研究结论及展望。

二、理论分析和研究假设

综观文献,与其他大股东相比,风险投资是一种特殊的大股东,大部分风险投资拥有有限寿命,这决定了风险投资在IPO后减持的必然性(Gompers, 1996)。但在减持过程中表现为机会主义行为还是职业投资者行为取决于风险投资对于机会主义行为相对于职业投资者行为的增量收益和增量成本的综合考虑。根据Luo(2005),增量收益来自机会主义行为而导致的减持收益的增加,风险投资将通过机会主义行为提高减持前的股票价格,从而增加减持收益;增量成本来自诉讼成本和职业投资者声誉损失成本,其中,风险投资减持中的机会主义行为可能招致内幕交易的诉讼,从而导致增量诉讼成本,同时由于风险投资是重复博弈,有着更多经验且更好投资记录的高声誉风险投资在未来更容易取得投资,而风险投资减持中的机会主义行为将带来声誉损失,从而对风险投资未来吸引投资人带来负面的影响,进而引发风险投资声誉损失成本。

制度环境将对经济主体的行为产生影响(Scott,1987,1995),鉴于我国与西方制度的不同,我国风险投资行为与西方存在根本性的差别(Bruton and Ahlstrom,2003)。制度带来风险投资行为差异的一个重要原因在于其对上述增量收益成本的影响。总体而言,我国转轨经济中的新兴市场制度更可能增加机会主义增量收益,降低机会主义增量成本,故而导致减持中的机会主义。

首先,我国资本市场发展时间较短,从20世纪90年代到现在,只有短短的30年历史,虽然市场监管制度在不断完善,市场机制和配套制度仍存在问题,从而市场的有效性仍有待进一步提高,对投资者的保护较弱,这影响到了机会主义增量收益。一般认为,证券市场的有效性程度越差,内部人机会主义行为越能够获利,并能获得更多的利益,有关我国证券市场有效性的讨论已经很多,大部分文献认为,我国证券市场的有效性仍然有限(陈灯塔和洪永淼,2003;王少平和杨继生，2006；高蓉等，2012），所以，在我国证券市场上，大股东的内幕交易将为其带来丰厚的报酬。对我国市场上的非机构大股东减持内幕交易的研究可为此提供佐证。为了获得私利，大股东通过关联方交易、资金占用、违规担保、股利分配、减持择时等各种方式侵占小股东的利益，但在股权分置改革后，由于监管机构加强了对上市公司资金占用和违规担保等大股东掏空行为的清理工作，同时大股东可以通过减持股票的方式兑现收益，因此大股东利用内幕交易成为我国市场上掏空上市公司的主要手段(吴育辉和吴世农，2010；朱茶芬等，2011)。因此，内幕交易所能产生的巨额交易收益也将体现在风险投资的股权减持中。

其次，我国一贯有着"重行政、轻司法"的国家治理特色，这导致了证券法律实施上存在着"重监管，轻诉讼"的状况，故而我国的诉讼机制受到了较多限制。例如，最高人民法院一度要求各级地方法院不受理证券民事赔偿诉讼案件，至今也只有已被刑事判决或行政处罚裁定确认的虚假陈述行为可以被提起证券民事诉讼，同时能对投资者做出有效保护的集体诉讼制度在我国仍未开展，所以因故意隐瞒重要信息或散布虚假信息而被揭露出来、被处罚的上市公司寥寥无几。因此，我国市场的诉讼成本较低，这将进一步加剧风险投资的机会主义问题。

再次，我国正在建设转轨经济下的新兴资本市场，在建设过程中，监管制度不断快速更新，这导致了市场参与者缺乏安全感。而且相对需求而言，我国风险投资市场的供给仍然有限，从而在当期环境下，声誉效应无法抑制风险投资的机会主义问题，故而为了尽早实现投资收益，风险投资会在锁定期后迅速套现股权，同时为了实现更多的减持收益而做出机会主义行为。根据我们的统计，50%的样本公司风险投资在锁定期结束的30日内就立刻减持，以网宿科技为例，在上市之前，投资这家公司的风险投资有深创新资本、深创投、达晨财智、达晨财信创投、联盛创投、德诚盛景创投及创东方投资等7家机构。而2010年10月30日锁定期结束后，持股5%以上的深创新资本率先于当年11月1日减持出售股份，其他股东也随之进行了不同程度的减持。

不仅如此，作为一种非正式制度，我国传统文化的影响也在一定程度上助长了风险投资的机会主义行为(胡志颖等，2012)。例如，我国风险投资对企业建立社会关系的帮助多于为企业提供增值服务，蔡卫星等(2013)发现，有政治关系的风险投资支持的公司IPO的成功概率显著高于没有政治关系的，且根据我们的统计，仅有少数风险投资促进了被投资企业的战略联盟等。

同时，由于较高的报告会计盈余能够带来相对较高的股票价格，所以利益相关者也倾向于利用盈余管理手段影响股价而获得利益(Erickson and Wang，1999)。而管理层在会计选择中拥有的自主权则为内部人利用盈余管理进行内部人交易提供了条件，比如，Aboody and Kasznik(2000)发现，作为内部人的公司管理层，倾向于在获得股票期权时操控公司信息，即提前披露坏消息或延迟披露好消息，以压低股票期权的行权价格，提高股票期权收益。同样，在股权减持环节,大股东将通过对管理层施加更多的影响,从而达到在股权减持期间通过盈余管理抬高报告会计收益、增加减持时的股价、获得更高的减持收益的目的,进而加剧了大股东对外部股东的侵害(Dye and Verrecchia,1995)。更进一步,Bar-Gill and Bubchuk(2003)发现,如果市场无法辨认内部人减持是利用优势信息的择时,或仅仅是流动性需求的结果,那么内部人将从利用财务误报的期间减持中获得收益,因而内部人有更多动机去进行机会主义减持。在此基础上,针对风险投资这一特殊的大股东,Darrough and Rangan(2005)发现,为了提高减持收益,风险投资支持的公司减少了IPO当年的R&D支出,以增加报告盈余。Luo(2005)选取了1996年至2000年间在美国上市的679家有风险投资支持的上市公司为样本,对锁定期之后风险投资的表现进行了较为全面的研究,其研究结果表明,风险投资的退出与IPO当年正向盈余管理显著正相关,与风险投资退出之前财报重述的可能性负相关,而与退出后三年内重述的可能性正相关,这说明风险投资可以通过对财务信息披露的影响来合理安排退出时机。Cohen and Langberg(2009)也发现,风险投资的持股增加了IPO后被投资公司盈余管理的可能性,从而导致IPO后被投资公司的会计信息的信息含量下降。

故在这种背景下,我国市场上的风险投资很可能利用自身对管理层的影响,通过影响财务信息披露进而配合其后期的减持行为。同时,减持规模直接决定风险投资进行盈余管理的动机,因此可以预期风险投资的减持将带来正向的盈余管理,且减持规模越大,操纵程度越大,故本文提出假设1:

假设1 在风险投资减持前,公司进行了更大程度的盈余管理。

根据Luo(2005),风险投资的持股决定了其影响企业报告的动机和能力。首先,风险投资的持股比例越高,他们越有可能从股权减持中获得重大的私利,因此他们更有动机在减持过程中发生道德风险问题,从而表现在利用盈余管理提高减持前的股票价格,进一步增加减持收益。其次,风险投资持股越高意味着风险投资的私利获取能得到更多的保证,因为持股比例直接影响到风险投资对被投资公司的参与程度和影响程度,所以风险投资持股比例越高,盈余管理程度也就越高。Cohen and Langberg(2009)建立理论模型,得到均衡解,发现风险投资持股比例高的公司,其会计盈余的信息含量下降,并通过经验分析进一步验证了这一推论。有鉴于此,我们提出假设2。

假设2 风险投资在减持前持股比例越高,减持前的盈余管理程度越高。

我国的风险投资中有着大量国家支持的风险投资(钱苹和张帏,2007;陈工孟等,2011)。与非国有风险投资相比,国有风险投资面临着更严格的监管,且目前我国国有风险投资年度考核用的是保值增值指标,这一标准与一般的盈利性企业无实质差别,其必然影响到国有风险投资促进创新的功能性作用,导致国有风险投资也有追求投资收益最大化的动机和目标(王元,2012)。不仅如此,国有风险投资所持股份的退出和转让属于国有股转持的范畴,受到严格的政策和法规上的限制,相比其他背景的风险投资,国有风险投资在解禁后套现股份的难度更大(吴少凡等,2013),所以为了满足资本保值增值的目的,国有风险投资一旦减持,将有更强的机会主义动机。与此同时,国有风险投资更有能力通过提高被投资公司的盈余管理增加减持收益,具体表现在以下两方面:第一,通过正式持股的渠道,国有风险投资在被投资企业中的参与度更高,对企业的影响更大,据我们的统计,国有风险投资在被投资公司中的持股比例要显著高于非国有风险投资。[1] 第二,在我国目前经济转轨的情况下,政府对企业的影响尤为重大(罗党论和唐清泉,2009),与政府建立联系可以从多方面获得资源,包括进入管制行业、获取政治补贴(罗党论和唐清泉,2009)以及信贷资源配置(于蔚等,2012)等,因此国有风险投资与政府的天然联系这一非正式渠道也将增加其在企业中的谈判能力。故国有风险投资对持股的公司在减持前的盈余管理的影响更为显著。基于上述分析,我们提出假设 3。

假设 3 与非国有风险投资相比,国有风险投资减持前对被投资公司的盈余管理程度的影响更显著。

三、研 究 设 计

(一)样本选取

表 1 样本选择及分布

Panel A 样本筛选	
类型	样本数(家)
全部 VC 支持的公司	310
减:未解锁公司	47
减持时间或规模数据不全的公司	165
最终样本	98
Panel B 样本公司行业分布	
行业	公司数量(家)	占比
A 农林牧渔	2	2.04%
B 采掘业	3	3.06%
C0 食品饮料	3	3.06%
C3 造纸印刷	1	1.02%
C4 石化塑胶	9	9.18%
C5 电子	11	11.22%
C6 金属非金属	13	13.27%
C7 机械设备	24	24.49%
C8 医药生物	5	5.10%

---

[1] 我们的统计结果显示国有风险投资持股的平均比例为 7.56%,在 10% 的水平上显著高于非国有风险投资的平均持股(6.98%)。

(续表)

Panel B 样本公司行业分布

行业	公司数量(家)	占比
C9 其他制造业	2	2.04%
E 建筑业	2	2.04%
G 信息技术	13	13.27%
H 批发零售	5	5.10%
K 社会服务	5	5.10%
合计	98	100.00%

Panel C 减持情况

解锁至首次减持时间间隔	公司数(家)	占比
<30 天	49	50.00%
30—60 天	12	12.24%
>60 天	37	37.76%
合计	98	100.00%

Panel D 减持事件分布

季度	2010		2011				2012				合计
	Q3	Q4	Q1	Q2	Q3	Q4	Q1	Q2	Q3	Q4	
全样本	2	19	35	52	71	81	88	95	99	98	640
减持事件	2	12	13	21	30	38	28	31	18	12	205

注：因为中小板和创业板2009年第一家IPO的公司都在第三季度，因此解锁季度开始于2010年第三季度。

我们选取2009—2011年在中小板和创业板上市、有风险投资支持、风险投资的锁定期在2012年12月31日前结束，并在锁定期结束后发生了牵头风险投资(Lead Venture Capital)减持，且能准确地获取减持时间和市值的非金融行业IPO公司作为样本。之所以只考察牵头风险投资的减持，主要是因为牵头风险投资持股比例最高，从而对公司的盈余管理最有影响力。需能准确地获取减持时间和规模的原因在于需要根据减持时间确定盈余管理季度并考察减持市值对盈余管理的影响。样本选取过程、行业分布、减持时间分布、解锁事件和减持事件的季度分布见表1。其中，风险投资数据根据CV-source数据库和招股说明书核对后确定，牵头风险投资减持的比例、时间来自上市公司减持公告，并将数据和wind数据库相核对。

从表1的Panel A可以看出，2009年到2011年在中小板和创业板IPO的公司中，获得领头风险投资支持的共有310家，其中47家的牵头风险投资的股权在样本期间内未解锁，再扣除无法准确获得领头风险投资减持时间或市值的165家数据不全公司，最终得到发生减持的98家公司样本，占所有解锁公司的比例为37.26%(98/263)。表1的Panel B是对98家样本公司所处行业的统计，由表可知，样本公司最多集中在机械设备(C7)行业，达到24.49%，其次是信息技术(G)行业和金属非金属(C6)行业，都为13.27%，再次是电子行业(C5)，为11.22%，这是因为风险投资更多地向高科技公司提供了资金支持。

Panel C 则统计了风险投资解锁距首次减持的时间间隔,从表中可以看出,50%的减持发生在解锁后的 1 个月内,可见,我国市场上的风险投资倾向于在解锁期后迅速减持,表现出机会主义。同时 Panel D 显示了牵头风险投资减持事件的季度分布,随着时间的推移,越到后期 IPO 公司数量越多,解锁的公司也越多,我们统计了每季度的解锁公司数量,加总后共得到 640 个解锁季度,其中有 205 个受到定期报告影响的减持事件。

(二) 研究模型

本文构建模型(1)和模型(2)以验证假设 1。

$$\begin{aligned} DA = & \alpha_0 + \alpha_1 Selling(transaction) + \alpha_2 Size + \alpha_3 Leverage + \alpha_4 ROA \\ & + \alpha_5 Growth + \alpha_6 Age + \alpha_7 VCage + \alpha_8 CR1 + \alpha_9 Ex\_Selling + \alpha_{10} DA_{-1} \\ & + \alpha_{11} Industry + \varepsilon \end{aligned} \quad (1)$$

被解释变量 DA 为季度操控性应计,选择季度操控性应计的理由如下,根据 Erickson and Wang(1999)和 Park and Park(2004),股权减持行为是一个连续行为,如中比基金减持海源机械,在 2012 年第一、二、三季度均有不同程度的减持,因此如果选择年度数据通常无法准确衡量出为配合减持而进行的盈余管理,故采用季度盈余管理能够更好地捕捉该现象。

计算可操纵应计利润的方法有很多种,Bartov、Gul and Tsui(2000)通过对应计利润法的各种计算方法进行综合评价后,认为分行业横截面修正的 Jone's 模型能够更好地衡量公司的盈余管理程度。因此,本文也采用该种方法来计算可操控应计利润 DA。

在计算过程中,首先根据公式:

$$\frac{TA_t}{A_{t-1}} = \alpha_1 \frac{1}{A_{t-1}} + \alpha_2 \frac{(\Delta REV_t - \Delta REC_t)}{A_{t-1}} + \alpha_3 \frac{PPE_t}{A_{t-1}} + \varepsilon_t$$

分行业估计出 α_1、α_2、α_3,按照证监会的行业分类,C 行业按两位代码估计,其余行业则按一位代码。其中,$\frac{TA_t}{A_{t-1}}$ 为 t 季度的应计利润总额,用 t 季度的净利减去 t 季度的经营活动现金流计算得到,并用期初总资产标准化。ΔREV_t 为 t 季度营业收入与 $t-1$ 季度的营业收入之差,ΔREC_t 为 t 季度应收账款与 $t-1$ 季度应收账款之差,并用期初总资产标准化,PPE_t 为 t 季度末的固定资产,同样用期初总资产标准化,ε_t 为残差。

接下来将回归得到的系数 α_1、α_2、α_3 带入到公式:

$$\frac{NDA_t}{A_{t-1}} = \alpha_1 \frac{1}{A_{t-1}} + \alpha_2 \frac{(\Delta REV_t - \Delta REC_t)}{A_{t-1}} + \alpha_3 \frac{PPE_t}{A_{t-1}}$$

计算出样本公司的非可操控应计 $\frac{NDA_t}{A_{t-1}}$。

最后根据公式:

$$\frac{\mathrm{DA}_t}{A_{t-1}} = \varepsilon_t = \frac{\mathrm{TA}_t}{A_{t-1}} - \frac{\mathrm{NDA}_t}{A_{t-1}}$$

计算出 DA_t。

根据蔡宁和魏明海(2009),大股东最可能通过影响减持最近定期报告季度的会计盈余,获取更高减持收益。定期报告指季报、半年报和年报,关注定期报告期间的原因在于定期报告中包含了丰富的信息,是市场了解上市公司的主要信息来源之一,因此定期报告的公布更容易引起市场的关注,从而带来股价的相应调整(林川和曹国华,2012)。故在研究中,我们首先确定每一季度牵头风险投资解锁的公司数量,对于首次解锁的公司,我们将解锁日前最近的定期报告季度确定为盈余管理期间,对于非首次解锁的公司我们将该季度首日之前最近的定期报告季度视为盈余管理期间,这样,有可能第三季度解锁公司的盈余管理季度却是第一季度或是上年四季度,因为三季度开始之前,可能只公布了一季报或年报,从而一季度或上年四季度的盈余管理将影响到三季度的减持决策。

模型(1)中,Selling 为解释变量,其衡量的是牵头风险投资是否受到最近一期定期报告影响在相应季度内发生减持,若同一季度的两次减持之间公布了定期报告,我们则将两次减持视为两个减持事件,定期报告公布之前的减持受到了上一定期报告季度的影响,而发生在其后的减持则受到该定期报告的影响,但如果同一季度的多次减持之间没有定期报告,则视作一个减持事件,在此基础上,我们还用减持市值的对数(Transaction)衡量减持规模,以此对假设1加以验证。若假设1成立,则 α_1 显著为正。

在检验假设1的基础上,我们将样本分为国有和非国有风险投资两组子样本,通过对其进行分别回归的方法来对假设3加以验证。如果在国有风险投资子样本中,风险投资减持前盈余管理的系数 α_1 更加显著,那么假设3得以验证。

除此之外,我们还控制了可能影响盈余管理的其他变量,包括公司特征变量、风险投资特征及其他控制变量。其中,公司特征变量有公司规模(Size)、财务杠杆(Leverage)、盈利能力(ROA)、成长性(Growth)、公司年龄(Age)、股权集中度(CR1)等6个变量。各变量的选取意义如下:(1) Size 衡量公司规模的指标,本文使用减持最近一期季度报告期末总资产对数表示。Watts and Zimmmerman(1990)认为,公司规模越大,通过盈余管理从公司获取的收益越大,故而认为资产与盈余管理正相关;然而,Dechow and Dichev(2002)指出,公司规模越大,受到的外界投资者及监管部门的关注越强,进而盈余管理的程度也会越大,故公司规模与盈余管理负相关。可见,无论哪种理论,都说明公司规模与上市公司盈余管理有关。(2) Leverage 表示公司的资产负债率。资产负债率越高,债权人的监督作用越大,而公司面临的偿债风险也越大。债权人的监督会抑制公司的盈余管理行为,而较高的财务风险会促使公司通过操纵盈余引起股价上涨来获取更多外界投资者支持,以降低可能面临的财务危机。鉴于此,财务杠杆对盈余管理同样存在影响。(3) ROA 表示公司的盈利情况。通常认为,前期的盈利情况越差,管理层越有动机对后期的公司盈余进行操纵以实现扭转;然而,为避免当期业绩下滑,即使前期公司的盈利情况较好,管理层同样可能有动机对盈余进行操纵。因此,盈利能力与盈余管理程度有关。(4) Growth 衡量公司的成长能力,即 t 季度营业收入的增长率。公司的成长性越高,则对资金的渴求越强烈,进行盈余管理的动机也就越强,石军(2011)也证实了这一点。故认为成长能力与盈余管理相关。(5) Age 表示公司的年龄。公司年龄能够衡量公司的发展历史,一般来看,年龄越大的公司,内部治理结构越完善,盈余管理程度越低。但是鉴于公司上市前普遍存在盈余管理行为,公司上市时间越长,经营业绩就会下降的越大,公司的盈余质量就越差,所以预计 Age 变量的符号为正。(6) CR1 表示股权集中度,本文选取第一大股东持股比例。股权集中度体现一家公司的权力集中程度,同样也对盈余管理程度产生影响。风险投资特征变量为风险投资年龄(VCAge),因为通常认为风险投资年龄越大,其声誉也就越高。为了保持良好的声誉,风险投资通常表现出更高的监督职能,因此越不容易发生道德风险问题,故盈余管理的动机越弱。其他变量则有其他大股东减持(Ex_Selling)、前期的 DA 及公司所属行业(Industry)。以往学者研究证实,大股东减持前存在盈余管理行为,为排除其他股东减持对盈余管理的影响,本文对各季度内是否有其他股东减持也进行了控制。而 DA_{-1},即前一季度的可操控应计,用以消除估计操控性应计过程中遗漏的与业绩相关的变量,行业变量控制行业不同可能带来的差异。变量定义见表1。

借鉴 Luo(2005),我们使用模型(2)验证假设 2。

$$\begin{aligned} DA = & \gamma_0 + \gamma_1 \text{Selling}(\text{Transaction}) + \gamma_2 \text{Holding} \\ & + \gamma_3 \text{Holding} \times \text{Selling}(\text{Transaction}) + \gamma_4 \text{Board} + \gamma_5 \text{Leverage} \\ & + \gamma_6 \text{ROA} + \gamma_7 \text{Growth} + \gamma_8 \text{Age} + \lambda_9 \text{VCAge} \\ & + \gamma_{10} \text{CR1} + \gamma_{11} \text{Ex\_Selling} + \gamma_{12} DA_{-1} \\ & + \gamma_{13} \text{Size} + \gamma_{14} \text{Industry} + \varepsilon \end{aligned} \quad (2)$$

模型中,解释变量 DA 定义与模型(1)的定义相同。Holding 代表风险投资在减持前的季度持股比例,我们根据风险投资的持股变动对其进行动态调整。在模型(2)中,我们关注 Holding 和 Selling 以及 Holding 和 Transaction 的交乘项的系数 γ_3,如果系数显著为正,则代表减持前的持股比例越高,对减持、减持规模和盈余管理之间的关系将带来更为正向的影响,那么假设 2 得到验证。

此外,所有权可能通过董事会影响减持和盈余管理之间的关系,为了控制董事会这种中介效益,我们在控制变量中增加了牵头风险投资在减持前的动态调整的董事会席位(Board)变量,以风险投资的董事会的席位占董事会人数的比例加以衡量,其余控制变量定义与模型(1)类似。

表 2　变量定义

变量类型	变量名称	变量符号	计算方法
因变量	盈余管理程度	DA	用修正的 Jone's 模型计算出来的可操纵性应计利润
关注变量	是否减持	Selling	虚拟变量,风险投资在相应季度减持赋值为1,相反为0
	减持规模	Transaction	风险投资当季度减持股份的总市值,取自然对数
	减持前持股	Holding	相应季度风险投资减持前持股比例
	持股交乘项1	Holding×Selling	持股比例与减持与否虚拟变量相乘
	持股交乘项2	Holding×Tran	持股比例与减持市值相乘
控制变量	规模	Size	相应季度末公司总资产的自然对数
	财务杠杆	Leverage	相应季度公司的资产负债率(负债/总资产)
	盈利能力	ROA	相应季度的总资产收益率(净利润/总资产)
	成长能力	Growth	相应季度公司的营业收入增长比[(本期营业收入-上期营业收入)/上期营业收入×100%]
	公司年龄	Age	至上市当日,公司成立的时间(天数取自然对数)
	风险投资年龄	VCAge	至上市当日,牵头风险投资成立时间(天数取自然对数)
	股权集中度	CR1	相应季度公司第一大股东持股比例
	前一期盈余管理	DA_{-1}	相应季度前一季度的可操纵应计利润(消除估计可控应计过程中遗漏的与业绩相关的变量)
	其他股东减持	Ex-Selling	相应季度是否有其他非风险投资股东减持
	董事会席位	Board	相应季度风险投资减持前占有的董事会席位占董事会规模的比重
	行业虚拟变量	Industry	是否属于某行业的虚拟变量,属于则为1,相反为0

四、实证结果及分析

(一)描述性统计

表3列示了定期报告公布后至下一定期报告公布前风险投资股东是否减持以及发生了减持的样本中,风险投资对定期报告季度盈余管理的影响。综合

来看,减持公司的最近定期报告季度的修正 Jone's 模型计算的操控性应计为 0.0068,高于未减持公司的 0.0034,按照减持市值中位数区分为高市值组的为 0.0087,高于未减持组的 0.0048,但在统计上并不显著。

表 3 风险投资减持对盈余管理的影响

Panel A 是否减持对减持前 DA 的影响

变量	类型	总样本(640)			上半年样本(320)			下半年样本(320)		
		N	均值	t 值	N	均值	t 值	N	均值	t 值
DA	减持	205	0.0068	1.0120	103	0.0041	-0.4560	102	0.0095	1.9360*
	未减持	435	0.0034		217	0.0059		218	0.0008	

Panel B 减持规模大小对减持前 DA 的影响

变量	类型	总样本(205)			上半年样本(103)			下半年样本(102)		
		N	均值	t 值	N	均值	t 值	N	均值	t 值
DA	市值高	103	0.0087	0.8666	52	0.0039	-0.0251	51	0.0135	1.2011
	市值低	102	0.0048		51	0.0041		51	0.0054	

Panel C 持股比例高低对减持前 DA 的影响

变量	类型	总样本(205)			上半年样本(103)			下半年样本(102)		
		N	均值	t 值	N	均值	t 值	N	均值	t 值
DA	持股高	104	0.0080	0.5430	53	0.0016	-0.8250	51	0.0160	1.9650*
	持股低	101	0.0055		50	0.0066		51	0.0029	

Panel D 持股比例高低和减持规模大小对减持前 DA 的影响

市值	持股	总样本(205)			上半年样本(103)			下半年样本(102)		
		N	均值	t 值	N	均值	t 值	N	均值	t 值
高	高	60	0.0096	0.5802	34	0.0029	-0.3250	30	0.0216	1.9253*
	低	43	0.0054		18	0.0062		21	0.0020	
低	高	44	0.0057	0.0247	19	-0.0005	-0.8506	21	0.0080	0.5797
	低	58	0.0056		32	0.0068		30	0.0036	

Panel E VC 是否国有对减持前 DA 的影响

VC		总样本(640)			上半年样本(320)			下半年样本(320)		
		N	均值	t 值	N	均值	t 值	N	均值	t 值
国有	减持	104	0.0069	1.4358	52	0.0011	-0.2453	52	0.0122	2.2738**
	未减持	230	-0.0004		114	0.0028		116	-0.0037	
非国有	减持	101	0.0068	0.1786	51	0.0072	-0.3700	50	0.0065	0.0889
	未减持	205	0.0076		103	0.0093		102	0.0059	

注:*、**、*** 分别表示在 10%、5% 和 1% 水平上显著。

因为上市公司的盈余管理存在着季节性特点,且下半年的盈余动机强于上半年(陈武朝和王可昕,2011),我们进一步按照最近一期定期报告披露的时间将解锁事件分成上半年和下半年两组,分组之后的结果显示,在下半年组中,发生牵头风险投资减持的样本的操控性应计为 0.0095,在 10% 的水平上显著高于未发生牵头风险投资减持的样本的 0.0008,市值高的组的操控性应计为 0.0135,高于低组 0.0054,t 值也较全年样本有所提高,但不显著。而在上半年样本中,减持组的操控性应计和未减持组,市值高组和市值低组都无显著差异。

不仅如此,为了分析减持前牵头风险投资的持股比例对减持前盈余管理的影响,我们还以减持事件为样本,根据减持前一季度牵头风险投资持股比例的中值,将持股比例分为高和低两组,结果显示,总体而言持股比例高低对减持前的盈余管理没有显著差异,但将样本细分为上半年组和下半年组之后,下半年样本组中,持股比例高的样本公司的操控性应计为0.016,在10%的水平上高于持股比例低的样本。我们也进一步将市值高低两组按照持股比例进行进一步分类,比较市值高和低组中持股比例高低对操控性应计的影响,结果表明,全年样本和上半年样本中,无论市值高低组,持股比例对操控性应计都没有显著影响,但在下半年样本组中,减持市值高的一组,持股比例在10%的水平上对操控性应计产生正向影响。不仅如此,同样的模式也出现在国有风险投资减持中。虽然总体上,国有风险投资对减持前的盈余管理程度没有影响,但将样本进一步分组的结果显示,在下半年遭受国有风险投资减持的公司其减持前的盈余管理程度在5%的水平上高于未减持的公司。但非国有风险投资样本却没有出现上述现象。

表4为相关变量的减持前一季度的描述性分析表。由表可知,平均来看减持样本占到总样本的32%,减持市值平均值为1802.74万元,牵头风险投资年龄的对数平均为7.5220,董事会席位比例平均为0.0745,可见我国风险投资对董事会的参与程度不高。观察期间内的平均持股比例为7.29%,相比IPO上市时的平均持股比例9.18%,平均下降1.89%。不同公司的第一大股东持股比例CR1存在显著差异,最小值为9%,最大值达到64.19%,平均为32.15%,可以推断我国中小板和创业板上市公司中一股独大现象较为明显。此外,在观察期间,27.65%的其他股东发生减持,频率低于牵头风险投资的减持。

表4 相关变量描述性统计

变量	样本数	极小值	极大值	均值	标准差
Selling	640	0	1.0000	0.3203	0.4670
Transaction	640	0	39686.27	1802.74	4476.11
VCAge	640	6.2500	8.7989	7.5220	0.6775
DA_{-1}	640	−0.1388	0.1658	0.0077	0.0358
Age	640	6.1048	9.0928	8.0685	0.5377
Board	640	0.0000	0.2857	0.0745	0.0728
Holding	640	0.0000	0.2159	0.0729	0.0404
Ex_Selling	640	0.0000	1.0000	0.2765	0.4474
ROA	640	−0.1779	0.0980	0.0136	0.0155
Leverage	640	0.0156	0.7988	0.2320	0.1656
Size	640	19.7972	22.5819	21.0411	0.5892
CR1	640	0.0900	0.6419	0.3215	0.1184
Growth	640	−1.0758	4.3150	0.2861	0.4756

（二）相关性检验

表 5 为回归模型中主要变量之间的相关性检验。从表中可以看到，风险投资年龄（VCAge）可代表风险投资的声誉，其抑制了减持前的盈余管理；此外，资产负债率（Leverage）、公司成长性（Growth）和董事会席位（Board）均与 DA 存在显著相关性。减持与否（Selling）及减持市值（Transaction）与 DA 之间存在正向相关性，但不显著。从变量之间的相关系数来看，各变量之间的相关系数保持在 0.5 以下，故可初步认为不存在共线性问题。

（三）回归结果分析

表 6 是假设 1 的回归结果。从该表中可以看出，对于全年样本而言，当使用是否减持变量时，模型(1)回归方程调整后的 R^2 为 0.0793，F 值为 3.3927，在 1% 的水平上显著，说明整体上方程的拟合程度较好。而从变量的系数和显著性来看，变量 Selling 与可操纵利润 DA 正相关，系数为 0.0041，但不显著。其余变量中，公司的规模和前一季度的 ROA 显著地增加了盈余管理的程度。其他股东减持（Ex_Selling）对前一定期报告季度的盈余管理影响也为正，但不显著。

为了进一步检验牵头风险投资减持对管理层盈余操纵的影响是否受管理层本身操纵动机的影响，我们将全部样本分为上半年和下半年两个子样本后分别进行回归。结果显示上半年子样本回归模型的调整 R^2 为 0.1092，F 值为 2.7006，也在 1% 的水平上显著，但是变量 Selling 系数为负，但不显著。

而下半年子样本回归模型的调整 R^2 为 0.1317，F 值为 3.1039，同样在 1% 的水平上显著，且与全样本和上半年样本相比，R^2 有所提高。主要关注变量 Selling，其系数为 0.0088，t 值为 1.8471，在 10% 水平上通过显著性检验，说明牵头风险投资减持前的确存在对最近一期下半年披露的财务报告的会计季度进行盈余管理的行为。我们认为，导致上述现象的主要原因在于，管理层在每年的不同季度的盈余操纵动机存在差异，而从临界点管理观点来看，管理层最有可能在达不到或无法超出本年度预期目标时进行盈余管理（陈武朝和王可昕，2011），一般而言，随着时间的推移，一年中在后半年，公司的经营形势更加明朗化，公司本身盈余管理的动机更为强烈，Cohen et al.(2005)使用 6 个盈余管理计量指标计算出盈余管理程度的分值，发现盈余管理程度呈现季度增加趋势，我国大部分研究也发现，下半年的盈余管理程度要高于上半年（徐焱军和刘国常，2010；陈武朝和王可昕，2011）。因此，风险投资的盈余管理减持时机选择并不是毫无条件的，其有赖于上市公司自身对盈余管理的需求，只有在上市公司本身有较高的盈余管理动机时，风险投资才能借机对管理层产生影响。

表 5 变量之间的相关性分析

变量	DA	Selling	Transaction	Holding	Board	DA−1	Age	Ex-selling	ROA	Leverage	Size	CR1	Growth
Selling	0.0400												
Transaction	0.0380	0.9970***											
Holding	−0.0350	0.3600***	0.3710***										
Board	−0.1040***	0.1310***	0.1340***	0.3890***									
DA−1	0.0970**	0.0420	0.0440	0.0320	−0.0500								
Age	0.0680*	−0.0350	−0.0310	0.0640	−0.0530	0.0100							
Ex-selling	0.0320	−0.0050	0.0020	−0.0770*	−0.0350	0.0430	−0.0450						
ROA	0.1170***	−0.0360	−0.0300	−0.0160	0.0350	0.0520	0.0690*						
Leverage	0.1020**	−0.0740*	−0.0690*	−0.1440***	−0.2420***	0.0950**	0.1090**	−0.099**	−0.144***				
Size	0.1250***	−0.0570	−0.0470	−0.1310***	−0.2520***	0.0990***	−0.0040	−0.0830**	−0.0210	0.5330***			
CR1	0.0120	0.0050	0.0060	−0.2510***	−0.0700*	0.1220***	−0.0430	−0.0920**	0.0380	0.1610***	0.2660***		
Growth	0.0910**	−0.0550	−0.0560	−0.0930**	−0.0950**	0.0100	0.1010**	0.0740*	0.2010***	0.1670***	0.0850**	−0.0120	
PEAge	−0.0950**	0.0070	0.0070	0.2980***	0.3070***	0.0880**	0.0680*	−0.0740*	−0.1730***	0.0020	−0.1050**	−0.1920***	−0.0890**

注:*、**、***分别在10%、5%和1%水平上显著。

表6 假设1回归结果

变量	模型(1)(Selling) 全年	上半年	下半年	变量	模型(1)(Transaction) 全年	上半年	下半年
Constant	−0.1730**	−0.1570	−0.1760	Constant	−0.1694*	−0.1579*	−0.1699
	(−2.2245)	(−1.8429)	(−1.5823)		(−2.1816)	(−1.8597)	(−1.5311)
Selling	0.0041	−0.0017	0.0088*	Transaction	0.0002	−0.0001	0.0004*
	(1.2590)	(−0.3717)	(1.8471)		(1.1431)	(−0.5243)	(1.8560)
DA_{-1}	0.0439	−0.1136**	0.3040***	DA_{-1}	0.0442	−0.1129**	0.3047***
	(1.0148)	(−2.0296)	(4.5054)		(1.0218)	(−2.0176)	(4.5176)
VCAge	−0.0030	−0.0032	−0.0009	VCAge	−0.0030	−0.0032	−0.0008
	(−1.1868)	(−0.9297)	(−0.2476)		(−1.1886)	(−0.9398)	(−0.2354)
Age	0.0049	0.0052	0.0036	Age	0.0048	0.0051	0.0035
	(1.6017)	(1.2478)	(0.8189)		(1.5921)	(1.2479)	(0.8077)
ROA	0.2686**	0.3060	0.1646	ROA	0.2669**	0.3047	0.1637
	(2.5084)	(1.5728)	(1.2804)		(2.4928)	(1.5687)	(1.2736)
Ex−Selling	0.0011	−0.0079*	0.0066	Ex−Selling	0.0011	−0.0079*	0.0066
	(0.3122)	(−1.6566)	(1.3105)		(0.3057)	(−1.6711)	(1.2938)
Size	0.0072**	0.0066*	0.0071	Size	0.0072**	0.0066*	0.0070
	(2.1508)	(1.8607)	(1.4532)		(2.1377)	(1.8627)	(1.4461)
Leverage	0.0171	0.0066*	0.0199	Leverage	0.0170	0.0066*	0.0198
	(1.4053)	(1.7831)	(1.1559)		(1.3991)	(1.7920)	(1.1480)
CR1	0.0006	0.0032	−0.0079	CR1	0.0006	0.0032	−0.0080
	(0.0398)	(0.1610)	(−0.3735)		(0.0406)	(0.1633)	(−0.3798)
Growth	0.0036	0.0095**	−0.0002	Growth	0.0037	0.0094**	−0.0001
	(1.0857)	(2.0124)	(−0.0357)		(1.0903)	(2.0044)	(−0.0207)
Industry	已控制	已控制	已控制	Industry	已控制	已控制	已控制
Adj. R^2	0.0793	0.1092	0.1317	Adj. R^2	0.0789	0.1096	0.1318
F值	3.3927***	2.7006***	3.1039***	F值	3.3791***	2.7078***	3.1057***

注:*,**,*** 分别在10%、5%和1%水平上显著。

控制变量DA_{-1}与DA正相关,系数为0.3040,t值为4.5054,在1%水平上通过显著性检验,说明可操纵应计具有一定的持续性。ROA、Ex−Selling、Leverage皆与DA正相关,但在统计上不显著。该结果证实了风险投资减持前的确存在盈余管理行为,且高管操纵动机越强,风险投资的影响也就越大。

用减持规模度量减持的假设1的回归结果见表6的第6—8列,其结果与是否减持结果一致,即整个会计年度中,Transaction表现出对DA的正向影响,但不显著,在上半年的子样本中,表现为不显著的负向影响,而在下半年子样本的回归中,Transaction对DA的影响系数为0.0004,也在10%的水平下显著。结果表明,受到公司主动进行盈余管理的影响,只有利用下半年定期财务报告进行减持时,牵头风险投资对盈余管理的影响才能有所体现,且减持规模越大,牵头风险投资对盈余管理的影响越明显,从而部分验证了假设1。

表7是假设2的回归结果。从表中可以看到,当采用是否减持变量时,全样本回归方程的调整R^2为0.0830,F值为3.2241,且在1%水平上通过显著性

检验,说明方程整体的拟合效果较好。关注变量交乘项 Holding×Selling 系数为 0.1664,t 值为 2.0122,在 5% 水平上通过显著性检验,这意味着牵头风险投资在减持前持股比例越高,其越有能力对减持前定期报告会计期间的会计盈余产生影响。为了进一步考察牵头风险投资的持股比例对上半年和下半年的定期财务报告会计期间盈余管理的影响是否存在差异,我们同样将样本区分为上半年和下半年子样本。上半年子样本的回归结果显示,虽然整体上方程的拟合效果仍然较好,调整后的 R^2 和 F 值分别为 0.1065 和 2.4624,但是交乘项 Holding×Selling 系数为 0.0767,虽然为正,但未通过显著性检验。下半年子样本的回归结果显示,模型调整后的 R^2 为 0.1593,F 值为 3.3251,在 1% 的水平上显著,方程拟合效果要好于全样本和上半年子样本,交乘项 Holding×Selling 的系数为 0.3943,t 值为 3.0985,在 1% 水平上通过显著性检验。这说明,风险投资的持股比例对减持前一季度的盈余管理程度的正向影响主要是体现在对下半年的定期报告上。

  表 7 的第 6—8 列是用减持规模度量减持的回归结果。回归结果显示,全样本和子样本回归结果均显示,各方程的拟合程度较好。全样本中交乘项 Holding×Tran 系数为 0.0083,仍然在 5% 水平上通过显著性检验;上半年子样本中,Holding×Tran 的系数未通过显著性检验;下半年子样本中,Holding×Tran 系数为 0.0205,在 1% 置信水平上显著为正,与 Selling 的结论一致。与预期相符,假设 2 得到验证。

  表 8 是假设 3 的回归结果。其中,第 2、3、7、8 列为非国有风险投资减持子样本的回归情况,第 12、13、17 和 18 列为国有风险投资减持子样本的情况。第 2、7、12 和 17 列的结果显示,无论是国有还是非国有风险投资,如果减持发生在上半年,则减持对盈余管理程度的影响不显著,这与总体样本的结果一致。第 3、8、13 和 18 列的结果则表明,在下半年发生的减持样本中,国有风险投资表现出比非国有风险投资公司更强的盈余管理程度,Selling 和 Transaction 的系数分别为 0.0167 和 0.0009,都在 5% 的水平上显著,而非国有风险子样本中,Selling 和 Transaction 的系数都不显著,因此假设 3 得以验证。

  我们也进一步考察了风险投资减持前的持股比例对两组子样本盈余管理的影响。表 8 的第 4、5、9、10 列为非国有风险投资的回归结果,第 14、15、19 和 20 列为国有风险投资的回归结果。研究发现,在下半年,国有风险投资和非国有风险投资在减持前的持股比例都对盈余管理程度有显著的影响,两组子样本中,Holding 和 Selling 以及 Holding 和 Transaction 的交乘项系数分别为 0.4291、0.0227、0.3953 和 0.0198,且都在 5% 的水平上显著。

表7 假设2回归结果

变量	模型(2)(Selling) 全年	上半年	下半年	变量	模型(2)(Transaction) 全年	上半年	下半年
Constant	−0.1567**	−0.1584*	−0.1138	Constant	−0.1590**	−0.1606*	−0.1262
	(−1.9906)	(−1.8169)	(−1.0158)		(−2.0267)	(−1.8438)	(−1.1347)
Holding	−0.0917	−0.1229	−0.0953	Holding	0.0066	−0.0736	0.1377*
	(−1.5558)	(−1.4085)	(−1.2276)		(0.1328)	(−1.0952)	(1.7802)
Holding×Selling	0.1664**	0.0767	0.3943***	Holding×Tran	0.0083**	0.0039	0.0205***
	(2.0122)	(0.6690)	(3.0985)		(1.9965)	(0.6874)	(3.1703)
Board	−0.0227	0.0168	−0.0626*	Board	−0.0229	0.0170	−0.0630*
	(−0.8815)	(0.4751)	(−1.7202)		(−0.8894)	(0.4799)	(−1.7313)
Selling	−0.0086	−0.0052	−0.0237**	Tran	−0.0005	−0.0003	−0.0013**
	(−1.1239)	(−0.4861)	(−2.0640)		(−1.1580)	(−0.5728)	(−2.1263)
DA_{-1}	0.0505	−0.1126**	0.3178***	DA_{-1}	0.0505	−0.1122**	0.3196***
	(1.1658)	(−2.0035)	(4.7298)		(1.1649)	(−1.9973)	(4.7598)
VCAge	−0.0015	−0.0022	0.0011	VCAge	−0.0016	−0.0024	0.0012
	(−0.5790)	(−0.6111)	(0.3119)		(−0.5969)	(−0.6437)	(0.3340)
Age	0.0049*	0.0052	0.0034	Age	0.0048	0.0052	0.0034
	(1.5925)	(1.2631)	(0.7886)		(1.5848)	(1.2615)	(0.7943)
ROA	0.2722**	0.3047	0.1439	ROA	0.2695**	0.2992	0.1431
	(2.5415)	(1.5557)	(1.1335)		(2.5166)	(1.5289)	(1.1288)
Ex−Selling	0.0014	−0.0083*	0.0080	Ex−Selling	0.0014	−0.0084*	0.0081
	(0.3959)	(−1.7365)	(1.5784)		(0.4075)	(−1.7472)	(1.6042)
Size	0.0064*	0.0067*	0.0040	Size	0.0062*	0.0067*	0.0039
	(1.8525)	(1.8052)	(0.8065)		(1.8173)	(1.7981)	(0.7808)
Leverage	0.0158	0.0067*	0.0179	Leverage	0.0159	0.0067*	0.0179
	(1.2920)	(1.7632)	(1.0498)		(1.2987)	(1.7511)	(1.0551)
CR1	−0.0021	−0.0044	−0.0054	CR1	−0.0018	−0.0039	−0.0052
	(−0.1386)	(−0.2163)	(−0.2552)		(−0.1175)	(−0.1903)	(−0.2465)
Growth	0.0035	0.0092*	−0.0001	Growth	0.0035	0.0092*	−0.0001
	(1.0323)	(1.9473)	(−0.0055)		(1.0424)	(1.9526)	(−0.0006)
Industry	已控制	已控制	已控制	Industry	已控制	已控制	已控制
Adj. R^2	0.0830	0.1065	0.1593	Adj. R^2	0.0824	0.1187	0.1607
F 值	3.2241***	2.4624***	3.3251***	F 值	3.2081***	2.7193***	3.3484***

注:*、**、*** 分别在10%、5%和1%水平上显著。

表 8 国有和非国有风险投资对减持前盈余管理的影响

	非国有 VC									国有 VC				
变量	上半年 模型(1)	下半年 模型(1)	上半年 模型(2)	下半年 模型(2)	变量	上半年 模型(1)	下半年 模型(1)	上半年 模型(2)	下半年 模型(2)	变量	上半年 模型(1)	下半年 模型(1)	上半年 模型(2)	下半年 模型(2)
Constant	0.0111 (0.1)	-0.1461 (-0.89)	0.0571 (0.48)	0.2085 (1.22)	Constant	0.0108 (0.1)	0.1485 (0.91)	-0.0582 (-0.49)	0.2 (1.18)	Constant	-0.3776* (-1.73)	-0.358* (-1.81)	-0.4158* (-1.9)	-0.3114* (-1.75)
Holding			-0.2395** (-2.05)	-0.0369 (-0.32)	Holding			-0.1689 (-1.68)	0.2151* (1.83)	Holding			-0.1426 (-1.02)	-0.1414 (-1.18)
Holding ×Selling			0.1108 (0.65)	0.4291** (2.38)	Holding ×Tran			0.0058 (0.67)	0.0227** (2.51)	Holding ×Tran			0.142 (0.79)	0.3953** (2.1)
Board			0.118** (2.07)	-0.0266 (-0.42)	Board			0.1184** (2.08)	-0.0269 (-0.42)	Board			-0.0739 (-1.33)	-0.0896 (-1.59)
Selling	-0.0003 (-0.04)	0.0034 (0.51)	-0.0057 (-0.4)	-0.0337** (-2.05)	Tran Section	-0.0001 (-0.19)	0.0002 (0.52)	-0.0004 (-0.48)	-0.0018** (-2.17)	Selling	-0.0011 (-0.15)	0.0167** (2.4)	-0.0077 (-0.44)	-0.0146 (-0.85)
DA₁	-0.1258* (-1.89)	0.2258** (2.39)	-0.1246* (-1.9)	0.2084** (2.17)	DA₁	-0.1259* (-1.89)	0.2262** (2.39)	-0.1247* (-1.9)	0.2076** (2.17)	DA₁	-0.0806 (-0.84)	0.2782*** (2.74)	-0.0902 (-0.93)	0.3231*** (3.03)
VCAge	0.0077 (1.26)	-0.0127* (-1.9)	0.009 (1.42)	-0.0143** (-2.06)	VCAge	0.0076 (1.25)	-0.0127* (-1.9)	0.0089 (1.4)	-0.014** (-2.03)	VCAge	-0.0066 (-1.01)	0.0019 (0.27)	-0.0025 (-0.36)	0.0047 (0.67)
Age	-0.0006 (-0.12)	0.0068 (1.12)	0.0015 (0.29)	0.0074 (1.2)	Age	-0.0006 (-0.12)	0.0068 (1.12)	0.0015 (0.28)	0.0074 (1.21)	Age	0.0035 (0.35)	0.0022 (0.19)	0.0017 (0.17)	-0.0027 (-0.27)
ROA	0.3154 (1.34)	-0.3911 (-1.58)	0.3328 (1.32)	-0.4928** (-1.96)	ROA	0.3172 (1.35)	-0.3913 (-1.58)	0.3197 (1.25)	-0.4892** (-1.96)	ROA	0.3713 (1.02)	0.3345** (2.06)	0.4106 (1.1)	0.3149** (1.97)
Ex Selling	-0.013** (-2.02)	0.0025 (0.34)	-0.0146** (-2.25)	0.0048 (0.66)	Ex Selling	-0.0131** (-2.04)	0.0024 (0.34)	-0.0147** (-2.26)	0.0052 (0.72)	Ex Selling	-0.008 (-1.05)	0.0044 (0.58)	-0.0057 (-0.74)	0.0061 (0.8)
Size	-0.0019 (-0.42)	-0.0045 (-0.63)	0.0006 (0.11)	-0.0071 (-0.95)	Size	-0.0019 (-0.41)	-0.0045 (-0.64)	0.0005 (0.1)	-0.0077 (-1.04)	Size	0.0181* (1.97)	0.0154** (1.72)	0.0202** (2.18)	0.0169** (1.93)
Leverage	-0.0023 (-0.47)	0.0392 (1.46)	0 (0)	0.0405 (1.49)	Leverage	-0.0022 (-0.46)	0.0393 (1.46)	-0.0001 (-0.02)	0.0423 (1.56)	Leverage	-0.0038 (-0.11)	0.0171 (0.53)	-0.0098 (-0.29)	0.0115 (0.36)
CR1	-0.0536** (-2.01)	-0.0711** (-2.39)	-0.0698** (-2.6)	-0.057* (-1.87)	CR1	-0.0538** (-2.02)	-0.0711** (-2.4)	-0.0695** (-2.59)	-0.0567* (-1.87)	CR1	0.0485 (1.32)	0.0214 (0.57)	0.0334 (0.88)	0.007 (0.18)
Growth	0.0163*** (2.66)	-0.0014 (-0.19)	0.0162*** (2.69)	-0.002 (-0.27)	Growth	0.0163*** (2.66)	-0.0014 (-0.19)	0.0162*** (2.69)	-0.0021 (-0.29)	Growth	0.0052 (0.65)	-0.0018 (-0.29)	0.0049 (0.61)	-0.0024 (-0.39)
Industry	已控制	已控制	已控制	已控制	Industry	已控制	已控制	已控制	已控制	Industry	已控制	已控制	已控制	已控制
Adj.R²	0.1182	0.1665	0.1484	0.1875	Adj.R²	0.1184	0.1665	0.1477	0.1916	Adj.R²	0.135	0.1548	0.14	0.1837
F 值	1.93*	2.37***	2.07***	2.39***	F 值	1.93*	2.37***	2.06**	2.43***	F 值	2.17***	2.39***	2.07***	2.5***

	国有 VC			
变量	上半年 模型(1)	下半年 模型(1)	上半年 模型(2)	下半年 模型(2)
Constant	-0.3767* (-1.73)	-0.343* (-1.74)	-0.4136* (-1.89)	-0.3307* (-1.71)
Holding			-0.0601 (-0.57)	0.0841 (0.67)
Holding ×Tran			0.0064 (0.71)	0.0198** (2.04)
Board			-0.0741 (-1.33)	-0.0904 (-1.61)
Tran Section	-0.0001 (-0.2)	0.0009** (2.4)	-0.0003 (-0.39)	-0.0007 (-0.8)
DA₁	-0.0797 (-0.83)	0.2795*** (2.75)	-0.0908 (-0.93)	0.3276*** (3.06)
VCAge	-0.0066 (-1.01)	0.0018 (0.27)	-0.0026 (-0.38)	0.0045 (0.65)
Age	0.0035 (0.35)	0.0019 (0.19)	0.0016 (0.15)	-0.0033 (-0.34)
ROA	0.3713 (1.02)	0.3345** (2.06)	0.4036 (1.08)	0.3144** (1.97)
Ex Selling	-0.008 (-1.05)	0.0044 (0.58)	-0.0056 (-0.73)	0.0061 (0.8)
Size	0.0181* (1.97)	0.0154** (1.72)	0.02** (2.15)	0.0164* (1.86)
Leverage	-0.0038 (-0.11)	0.0171 (0.53)	-0.0097 (-0.29)	0.0123 (0.38)
CR1	0.0485 (1.32)	0.0214 (0.57)	0.034 (0.89)	0.0062 (0.16)
Growth	0.0052 (0.65)	-0.0018 (-0.29)	0.005 (0.63)	-0.0023 (-0.37)
Industry	已控制	已控制	已控制	已控制
Adj.R²	0.135	0.1548	0.1389	0.1824
F 值	2.17***	2.39***	2.06**	2.49***

注：*、**、***分别在 10%、5% 和 1% 水平上显著。

五、稳健性检验

然而,股东的减持行为与盈余管理可能存在逆向关系,即前期的盈余管理带来了股价的变化,才导致股东的"择机"减持行为。因此,为了克服这种内生性带来的偏差,我们采用二阶段回归。首先,我们选取衡量公司成长能力的减持前一季度的托宾 Q 值和衡量当期市场行情的中小板指数作为工具变量(蔡宁和魏明海,2009),并控制了可能影响风险投资减持的其他控制因素,如现金流、公司规模以及减持前一季度收盘价等,对风险投资减持的影响因素进行一阶段回归。从回归结果显示,一阶段方程的对数似然估计值为372.2366,卡方值为28.3545,整个方程在10%水平上显著,且中小板指数和收盘价两个变量在10%的水平上显著,由此可以看出工具变量选择较为合适。

表9列示了假设1、2和3的下半年子样本的第二阶段回归结果。第2列和第9列是假设1的回归结果,从表中可以看出,在控制了内生性之后,Selling的系数为0.0878,仍然在1%的水平上显著为正,Transaction的系数也为正,但是不显著。第3列和第10列是假设2的结果。结果表明,Selling和Holding的交乘项系数为0.7715,在5%的水平上显著,Transaction和Holding的交乘项系数为0.0109,但是不显著。第4、6、11和13列是假设3的稳健性检验结果。由表可知,在控制内生性后,国有风险投资是否减持及减持规模对减持前盈余管理的影响仍然显著,Selling和Transaction的系数分别为0.1841和0.0108,且显著性水平都为1%,较未控制内生性前的有所提高,而非国有风险投资的子样本的结果亦不显著。此外,我们发现,非国有风险投资样本中,风险投资在减持前的持股不再对盈余管理产生重大影响,而国有风险投资的回归样本中,Transaction和Holding的交乘项系数为0.0616,在5%水平上显著,Selling和Holding的交乘项系数为0.6977,不显著。因此考虑了内生性后,之前的结论依然没有发生重大改变。

六、研究结论及展望

本文以2009—2011年在创业板和中小板上市有风险投资支持、风险投资的锁定期在2012年12月31日前结束,并在锁定期结束后发生了牵头风险投资减持,且能获取减持时间和市值的非金融行业IPO公司为样本,对风险投资减持和减持市值对减持前盈余管理的影响进行分析,得到如下研究结论:

(1) 牵头风险投资的减持和减持市值对减持前最近一个定期报告季度的盈余管理程度产生了正向的影响,但因为相对于上半年,随着经营状况的明朗化,公司本身有更强的盈余管理动机,这种影响仅限于下半年的盈余管理季度,故

表 9 稳健性检验

变量	全样本 模型(1)	全样本 模型(2)	非国有VC 模型(1)	非国有VC 模型(2)	国有VC 模型(1)	国有VC 模型(2)	变量	全样本 模型(1)	全样本 模型(2)	非国有VC 模型(1)	非国有VC 模型(2)	国有VC 模型(1)	国有VC 模型(2)
Constant	−0.3355***	−0.176	0.2695	0.302	−0.6311***	−0.5388***	Constant	−0.1648	−0.121	0.2311	0.2802	−0.4704***	−0.4061**
	(−2.8268)	(−1.5823)	(1.43)	(1.53)	(−3.46)	(−2.77)		(−1.4825)	(−1.0709)	(1.32)	(1.51)	(−2.73)	(−2.35)
Holding		−0.2548*		0.2145		−0.299	Holding		0.1363		0.0275		0.2573
		(−1.7533)		(−0.85)		(−1.57)			(−1.3757)		(−0.13)		(−1.45)
Holding×Selling		0.7715**		−0.354		0.6977	Holding× Tran		0.0109		−0.0144		0.0616**
		(−2.0095)		(−0.51)		(−1.37)			(−1.2788)		(−0.4)		(−2.15)
Board		0.0172*		−0.0169		−0.0529	Board		−0.0004*		−0.018		−0.0379
		(−0.4152)		(−0.26)		(−1.03)			(−0.4908)		(−0.28)		(−0.76)
Selling	0.0878***	−0.0534	−0.0567	−0.0285	0.1841***	0.1126*	Tran Saction	0.0006	−0.0692*	−0.0029	−0.0018	0.0108***	0.0044
	(−3.7769)	(−1.4694)	(−1.33)	(−0.39)	(−6.55)	(−1.88)		(−1.3777)	(−1.8705)	(−1.34)	(−0.49)	(−7.27)	(−1.34)
DA_{−1}	0.2873***	0.2982***	0.2297**	0.2387**	0.2799***	0.3173***	DA_{−1}	0.3134***	0.3261***	0.2299**	0.2389**	0.2765***	0.3078***
	(−4.3222)	(−4.4607)	(−2.44)	(−2.46)	(−3.08)	(−3.29)		(−4.6362)	(−4.7502)	(−2.44)	(−2.46)	(−3.12)	(−3.3)
VCAge	−0.0013	0.0003	−0.0097	−0.011	−0.0004	0.0024	VCAge	−0.0008	0.0007	−0.0098	−0.0111	0.0007	0.003
	(−0.3873)	(−0.0907)	(−1.4)	(−1.51)	(−0.07)	(−0.39)		(−0.2150)	(−0.1861)	(−1.42)	(−1.52)	(−0.12)	(−0.5)
Age	0.0044	0.0036	0.0058	0.0048	0.0032	0.001	Age	0.0038	0.003	0.0057	0.0046	0.0032	0.0015
	(−1.0359)	(−0.8323)	(−0.95)	(−0.77)	(−0.37)	(−0.11)		(−0.8785)	(−0.6747)	(−0.93)	(−0.74)	(−0.37)	(−0.18)
ROA	0.1818	0.17	−0.3727	−0.444*	0.4727***	0.4467***	ROA	0.1383	0.1296	−0.3691	−0.4348	0.4249***	0.3913***
	(−1.4392)	(−1.3488)	(−1.51)	(−1.72)	(−3.21)	(−3.04)		(−1.071)	(−1.0062)	(−1.5)	(−1.69)	(−2.99)	(−2.77)
Ex._Selling	0.0054	0.0062	0.0054	0.0045	0.0013	0.0022	Ex._Selling	0.0072	0.0074	0.0054	0.0048	0.0015	0.0035
	(−1.0827)	(−1.2402)	(−0.74)	(−0.6)	(−0.19)	(−0.32)		(−1.4196)	(−1.448)	(−0.75)	(−0.64)	(−0.23)	(−0.52)
Size	0.0140***	0.0119***	−0.0102	−0.0117	0.0262***	0.0234***	Size	0.0068	0.0042	−0.0099	−0.0114	0.0237***	0.0196**
	(−2.6995)	(−2.2202)	(−1.25)	(−1.35)	(−3.19)	(−2.76)		(−1.3909)	(−0.8316)	(−1.23)	(−1.34)	(−3.01)	(−2.42)
Leverage	0.0148	0.0108	0.0414	0.047*	0.0067	0.0115	Leverage	0.0188	0.0188	0.0107	0.0458	0.0069	0.013
	(−0.8748)	(−0.6368)	(−1.55)	(−1.67)	(−0.23)	(−0.39)		(−1.0892)	(−1.082)	(−1.53)	(−1.63)	(−0.24)	(−0.46)
CR1	−0.0049	−0.0078	−0.0701**	−0.0627**	0.0158	0.0017	CR1	−0.0069	−0.0065	−0.0701**	−0.0626**	0.012	−0.0039
	(−0.2354)	(−0.3692)	(−2.37)	(−2.05)	(−0.47)	(−0.05)		(−0.3259)	(−0.3035)	(−2.37)	(−2.04)	(−0.36)	(−0.12)
Growth	−0.0011	−0.0008	0.0009	0.0012	−0.0017	−0.0018	Growth	−0.0001	0.0001	0.0011	0.0014	−0.0001	0.0001
	(−0.2374)	(−0.1695)	(−0.12)	(−0.15)	(−0.3)	(−0.32)		(−0.0029)	(−0.03)	(−0.15)	(−0.18)	(−0.02)	(−0.01)
Industry	已控制	已控制	已控制	已控制	已控制	已控制	Industry	已控制	已控制	已控制	已控制	已控制	已控制
Adj. R^2	0.1621	0.1711	0.176	0.1644	0.322	0.3278	Adj. R^2	0.1273	0.1327	0.1763	0.1643	0.356	0.3706
F值	3.6830***	3.5320***	2.47***	2.19***	4.61***	4.26***	F值	3.0232***	2.8777***	2.47***	2.19***	5.2***	4.93***

注：***、**、* 分别在 10%、5% 和 1% 水平上显著。

我们认为减持对盈余管理的影响受到了公司本身盈余管理动机的影响,风险投资只能在公司本身的盈余管理动机高的时候,才能借势上位,对减持前的盈余管理造成影响。

(2) 牵头风险投资减持前的持股比例越高,其对公司的影响力越大,减持和减持市值对最近一期定期报告季度的盈余管理影响越大,这种影响主要是下半年盈余管理季度影响的结果。

(3) 国有牵头风险投资受到其以保值增值为目的的考核的影响,忽视了促进创新的功能性使命,从而在减持时也表现出机会主义,且因为其具有更强的谈判能力并对被投资公司的参与程度更高,故对被投资公司减持前的盈余管理程度的影响更大,但这种模式同样仅出现在下半年减持的样本中。

这意味着,证券市场监管者应关注风险投资的减持,特别是发生在下半年定期报告之后的减持,因为其有可能在利用盈余管理提高减持收益,这是大股东减持择时的表现,这种内部人交易无形中损害了其他小股东的利益,不利于小股东的利益保护,故小股东需警惕风险投资的股权减持行为。因此,我们的研究结论不仅能够为证券市场监管者的证券监管带来启示,也可为投资者的投资交易策略构建带来帮助。

但我们的研究也存在着如下不足,首先本文研究的时间截至2012年12月31日,而实际上在2012年第四季度解锁的公司,其减持很可能受到2012年年度报告的影响,但由于数据所限,我们没有对后续这部分减持加以研究;其次,为了能确定减持的盈余管理季度和市值,我们忽略了无法确定时间或市值的减持,而这类减持可能也会对盈余管理产生影响。这些也是我们未来需要完善的地方。

参 考 文 献

[1] 蔡宁、魏明海,2009,"大小非"减持中的盈余管理,《审计研究》,第2期,第40—49页。

[2] 蔡卫星、胡志颖、何枫,2013,政治关系、风险投资和IPO机会,《财经研究》,第5期,第51—60页。

[3] 陈灯塔、洪永淼,2003,中国股市是弱式有效的吗——基于一种新方法的实证研究,《经济学季刊》,第1期,第97—124页。

[4] 陈工孟、俞欣、寇祥河,2011,风险投资参与对中资企业首次公开发行折价的影响——不同证券市场的比较,《经济研究》,第5期,第74—85页。

[5] 陈武朝、王可昕,2011,我国上市公司盈余管理时间选择的实证研究,《中国会计评论》,第2期,第211—224页。

[6] 高蓉、周爱民和向兵,2012,股市动态弱式有效性研究——基于滚动广义谱方法,《投资研究》,第12期,第137—147页。

[7] 胡志颖、周璐、刘亚莉,2012,风险投资、联合差异和创业板上市公司 IPO 会计信息质量,《会计研究》,第 7 期,第 48—56 页。

[8] 林川、曹国华,2012,盈余管理、非年报效应及大股东减持,《南方经济》,第 12 期,第 18—35 页。

[9] 罗党论、唐清泉,2009,政治关系、社会资本与政策资源获取:来自中国民营上市公司的经验证据,《世界经济》,第 7 期,第 84—96 页。

[10] 钱苹、张帏,2007,我国创业投资的回报率及其影响因素,《经济研究》,第 5 期,第 78—90 页。

[11] 石军,2011,公司成长性与盈余管理,《西安交通大学学报》,第 1 期,第 48—73 页。

[12] 王少平、杨继生,2006,联合 p 值综列单位根检验的扩展及其对中国股市的弱有效性检验,《统计研究》,第 4 期,第 69—72 页。

[13] 王元,2012,国有风险投资绩效考核机制需改革,2012 年中国风险投资论坛——第七届振兴东北投资高峰会,http://finance.sina.com.cn/hy/20121011/104613339443.shtml。

[14] 吴少凡、贾宁、陈晓,2013,创业投资在 IPO 公司盈余管理中的角色,《中国会计评论》,第 1 期,第 5—26 页。

[15] 吴育辉、吴世农,2010,股票减持过程中的大股东掏空行为研究,《中国工业经济》,第 5 期,第 121—130 页。

[16] 徐焱军、刘国常,2010,年内各季度盈余管理程度的差异——基于中国上市公司的经验证据,《山西财经大学学报》,第 8 期,第 110—117 页。

[17] 于蔚、汪淼军和金祥荣,2012,政治关联和融资约束:信息效应与资源效应,《经济研究》,第 9 期,第 125—139 页。

[18] 朱茶芬、李志文、陈超,2011,A 股市场上大股东减持的时机选择和市场反应研究,《浙江大学学报(人文社会科学版)》,第 5 期,第 159—169 页。

[19] Aboody, D. and R. Kasznik, 2000, CEO stock option awards and the timing of corporate voluntary disclosure, *Journal of Accounting and Economics*, January, 73—100.

[20] Atanasove V., V. Ivonova and K. Litvak, 2006, VCs and the expropriation of entrepreneurs, Working paper, College of William and Mary.

[21] Bar-Gill, O. and L. A. Bubchuk, 2003, Misreporting corporate performance, SSRN Working paper.

[22] BartovE. F., A. J. Gul and S. L. Tsui, 2000, Discretionary-accruals models and audit qualifications, *Journal of Accounting and Economics*, June, 421—452.

[23] Bruton G. D. and D. Ahlstrom., 2003, An institutional view of China's venture capital industry: Explaining the difference between China and the West, *Journal of Business Venturing*, April, 233—259.

[24] Cadman B. and J. Sunder, 2008, Investor myopia and CEO horizon incentive, Working paper, University of Utah and Northwestern University.

[25] Campbell T. L. and B. M. Frye, 2009, Venture capitalist monitoring: Evidence from governance structures, *The Quarterly Review of Economics and Finance*, April, 265—282.

[26] Cohen D. A. and N. S. Langberg, 2009, Venture capital financing and the informativeness of earnings, Asia-Pacific, *Journal of Accounting and Economics*, April, 171—191.

[27] CohenD. A. , A. Dey and T. Z. Lys, 2005, Trends in earnings management and informativeness ofearnings: Announcements in the pre-and post-Sarbanes Oxley periods, Working paper, Northwestern University.

[28] Cumming D. J. and J. G. MacIntosh, 2003, A cross-country comparison of full and partial venture capital exits, *Journal of Banking & Finance*, June, 511—548.

[29] Darrough M. and S. P. Rangan, 2005, Do insiders manipulate earnings when they sell their shares in an initial public offering, *Journal of Accounting Research*, January, 1—33.

[30] Dechow P. M. and I. D. Dichev, 2002, The quality of accruals and earnings: The role of accrual estimation errors, *The Accounting Review*, S-1, 35—59.

[31] Dye, R. A. and R. E. Verrecchia, 1995, Discretion vs. uniformity: Choices among GAAP, *The Accounting Review*, June, 389—415.

[32] Elitzur R. and A. Gavious, 2003, Contracting, signaling and moral hazard: A model of entrepreneurs, "angels" and venture capitalists, *Journal of Business Venturing*, 6, 709—725.

[33] Erickson, M. and S. W. Wang, 1999, Earnings management by acquiring firms in stock for stock mergers, *Journal of Accounting and Economics*, April, 146—176.

[34] Gompers, P. , 1996, Grand standing in the venture capital industry, *Journal of Financial Economics*, January, 133—156.

[35] Gompers P. and J. Lerner. 1998, Venture capital distributions: Short-term and long-term reaction, *Journal of Finance*, 6, 2161—2183.

[36] Lin T. H. and R. L. Smith, 1998, Insider reputation and selling decisions: The unwinding of venture investment during equity IPOs, *Journal of Corporate Finance*, June, 241—263.

[37] Liu X. , 2009, Monitoring or moral hazard? Evidence from real activities manipulation by venture-backed companies, Ph. D Dissertation, University of North Texas.

[38] Luo W. , 2005, The exit of venture capital and financial disclosure in newly-public firms, Working paper.

[39] Masulis R. W. and R. Nahata, 2011, Venture capital conflicts of interest: Evidence from acquisition of venture-backed firms, *Journal of Financial and Quantitative Analysis*, April, 395—430.

[40] Park, M. S. and T. Park, 2004, Insider sales and earnings management, *Journal of Public Policy*, 5, 381—411.

[41] Scott, W. R. , 1995, *Institutions and Organizations*, Sage Publications, Thousand Oaks, CA.

[42] Scott, W. R. , 1987, The adolescence of institutional theory, *Administrative Science Quarterly*, 4, 493—511.

[43] Watts R. L. and J. L. Zimmerman, 1990, Positive accounting theory: A ten year perspective, *The Accounting Review*, January, 131—156.

The Opportunism of Venture Capital During the Equity Selling: A Study Based on Earnings Management

ZHIYING HU WEIXING CAI YUANYUAN DING

(*University of Science and Technology Beijing*)

JINJIN HAN

(*China Aerospace Science and Industry Corporation*)

Abstract As sponsors of IPO firms, Venture Capitalists(VCs) play very important role in capital market. According to the investigation of Zero2Ipo research institute, about 50% IPO firms in Small Board and GEM witness the participation of VC. In order to improve investor protection, the government in China mandatorily stipulated equity lockup period of VC after IPO. The equity selling after lockup period will not only bring great pressure to the market, but also have a negative impact on IPO firms, for monitor and value-adding service will disappear as VC exit. So VCs' behavior after the expiration of lock-up period has a significant influence on the healthy development of capital market.

VCs are different from other large shareholders of IPO firms in several aspects. For example, the limited lifetime and special organizational structure of VCs mean that VCs must pay attention to how to get back their original investment and receive high returns, so VCs are likely to participate in portfolio firms' IPO activities opportunistically and have moral hazard problems. However in contrast, VCs' investment is a repeated game, so the reputation of professional investors is crucial to their future investments and financing. In this case, the reputation cost and litigation cost must be considered when selling equity after lockup period. Therefore they carefully make selling decisions, and even tried to hold overvalued IPO shares in order to build a reputation.

So when selling equity, VCs will behavior opportunistically or professionally, depending on their consideration of the benefit and cost. Currently, VCs' equity selling after the expiration of lock-up period in China is still a new phenomenon, with few studies discussing it. And China's capital market is an emerging market without a long history. Although the regulatory systems are being improved, there are still some problems with the market mechanism and support systems, which result in low investor protection and further exacerbate the moral hazard problem of VCs. Therefore, this paper studies VCs' equity selling from earnings management perspectives under Chian's current institutional background.

We find that VCs try to put pressure on the management to increase accounting income before selling, and finally receive higher selling returns. However, this phenomenon only exists in the equity selling right after the third-quarter and annual financial report, which means that the success of VCs' equity selling timing through earnings management depends on the portfolio firms' motive to management earnings management. And also, VCs' ability to influence the quarterly earnings management increases with their stockholding before selling. Further result shows that due to stronger bargaining power and more participation in the portfolio firms, government-sponsored VCs behavior significantly more opportunistically than non-government-sponsored VCs. After controlling of endogenous problem, the conclusions remain unchanged. Our paper gives evidence to the opportunistic behavior of VCs in China's market and enlarges the institutional investors opportunism literature through the equity selling after the expiration of lock-up period and earnings management.

Key words Venture Capital Equity Selling, Lockup Period, Quarterly Earnings Management, Government-sponsored VC

注册会计师考试、签字会计师人力资本与审计质量

黄亮华　陈运森　谢德仁*

摘　要　会计师的个体特征尤其是人力资本特征对审计质量有着重要影响,但以往研究大都从事务所层面来进行研究。本文则利用上市公司年报的签字会计师取得注册会计师考试全科合格证的细节信息来衡量其人力资本,检验了签字会计师的人力资本是否对审计质量存在影响。结果发现,通过多年考试才获得全科合格证的签字会计师之审计质量要高于一次性通过考试的会计师;签字会计师获得全科合格证时的年龄越大,审计质量越高;而这些影响更可能存在于本科及以上学历和非四大会计师事务所工作的签字会计师群体中。本文的结果表明签字会计师的人力资本对其审计质量存在影响。本文的结论拓展了审计师个体特征对审计质量影响的文献,对签字会计师资质监管以及注册会计师资格考试也具有启示作用。

关键词　签字会计师　人力资本　注册会计师考试　审计质量

一、引　言

由于会计师事务所是一个以提供专业服务从而获取劳动报酬的特殊组织,所以人力资本在会计师事务所这种类型的专业组织中尤其重要。已有一些研究从事务所层面对此进行了研究(Chang et al., 2011;刘笑霞和李明辉,2012),但会计师事务所的人力资本在本质上是由会计师个体所持有的(Pennings et al., 1998),特别是在检验事务所经济后果时,签字注册会计师(本文简称为签字会计师)个体的人力资本对所审计公司的审计质量更为关键。高层梯队理论就认为审计决策及审计产出的质量受到签字会计师个体特别是其人力资本和认知行为影响的程度更大,遗憾的是尚未有研究对此进行直接检验。但幸运的是,中国证监会要求上市公司年报的审计报告中披露签字会计师,这一要求在中国资本市场是独特的,给了我们一个检验签字会计师个体人力资本特征的绝佳机会。

---

* 黄亮华、谢德仁,清华大学经济管理学院;陈运森,中央财经大学会计学院。通信作者:黄亮华,E-mail:huanglh.10@sem.tsinghua.edu.cn。本文得到中央财经大学"211工程"重点学科建设项目和中央财经大学校级2011协同创新重点培育项目"注册会计师行业发展"的资助。

如何衡量签字会计师的人力资本呢？根据《中华人民共和国注册会计师法》，通过注册会计师考试是目前取得中国注册会计师执业资格的必备条件，也是取得上市公司年度报告"签字资格"的门槛，因此，为通过注册会计师考试而付出的辛苦努力和其他投入无疑是签字会计师的关键人力资本投资。注册会计师考试自1991年首次举办以来，经过二十余年的发展，"已成为国内声誉最高的考试之一，并得到国际同行的广泛认可"[1]。注册会计师考试在选拔优秀的专业人才，提高和完善会计专业人才的业务技能水平方面所起到的作用毋庸置疑，但这一特殊的考试经历有否对会计师产生了决定性的影响呢？为此，我们用注册会计师考试全科合格证的细节信息来衡量签字会计师的人力资本，检验其对审计质量的影响。结果发现多年考试才通过的会计师所审计公司的审计质量要高于一次性就通过考试的会计师；签字会计师获得全科合格证时的年龄越大，审计质量越高；而且该考试经历对审计质量的影响更可能出现在高学历或非四大会计师事务所的会计师群体中。

本文可能的创新如下：首先，人力资本是会计师事务所之关键所在，而且更多地体现在审计师个体层面，然而现有国际国内文献大都是基于事务所层面对其进行研究（Chang et al.，2011；刘笑霞和李明辉，2012），本文则从签字会计师个体层面进行检验，属于更直接的检验渠道，结论对于国际上会计师人力资本领域文献有一定拓展，相对于事务所层面的人力资本研究，我们呼吁学术界更应关注审计师个体人力资本的获取及其影响；其次，由于多数国家的审计报告并不披露注册会计师个人的相关信息，因而相关的文献非常少见，国内对审计师个体特征的研究也不多，主要包括审计师的性别、年龄、学历、专业和执业时间等个人特征对审计收费的影响（李江涛等，2012）和审计质量的影响（Chen et al.，2010；Gul et al.，2013）。注册会计师考试对于整个审计师行业、会计师事务所和会计师个体而言重要性不言而喻，所以与前述文献大都基于个体基本特征相异，本文运用我国举行的注册会计师考试这一自然实验的数据，分析了签字会计师执业资格这一专业人力资本对被审计公司的审计质量的影响，有力地拓展了个体审计师视角审计质量的相关研究文献，同时也支持了Cheng et al.（2009）认为个体人力资本和审计质量相关的论述，我们的结论显示在审计质量的研究中有必要考虑审计师的个体特征尤其是人力资本这一以往未深入探讨的隐性特征；再次，无论是我国还是其他国家和国际组织都把会计师执业资格考试作为提高会计师职业能力和素养的一个重要渠道，本文发现注册会计师考试的经历对被审计公司的审计质量存在显著影响，说明资质的获得难度能为服务的质量提供一定程度的保障，将资质获取考试的难度保持在一定水平，并设定一定的报考限制是有必要的。这给注册会计师国际国内认证体系提

---

[1] 参见：《2011年度注册会计师全国统一考试辅导教材》，北京：经济科学出版社，2011，前言。

供了很好的正面证据,同时对如何更好地发挥国际上各类注册会计师考试制度的作用具有现实指导意义。

除本部分外,本文还包括其他四部分。其中第二部分为文献回顾、制度背景与理论分析,第三部分为研究设计,第四部分为实证结果及分析,最后为结论。

二、文献回顾、制度背景与理论分析

已有的关于会计师人力资本的研究大都从会计师特征如何影响会计师事务所的绩效来展开,发现人力资本的提高可以显著降低事务所解散的概率(Pennings et al.,1998)和提高事务所生产的效率(Chang et al.,2011)。会计师的教育水平及经验丰富程度与事务所审计质量的好坏也存在关联(Cheng et al.,2009)。刘笑霞和李明辉(2012)发现在我国本土事务所中注册会计师的年龄以及入选行业领军人才培训计划的人数与正向的操纵性应计额之间存在显著的负向关系。近年来,少数相关研究不再局限于事务所层面的分析,开始直接分析会计师人力资本特征和审计师工作产出的关系:李江涛等(2012)发现签字会计师所学是否会计审计相关专业、年龄以及从业经验和审计质量、审计收费存在相关关系。这些研究丰富了会计师人力资本研究的文献。按照高层梯队理论,审计某公司的具体审计人员特别是签字会计师对审计质量的影响往往起着决定作用,所以从个体特征视角研究签字会计师的人力资本及其投资成本尤其重要。

注册会计师考试的相关信息是衡量签字注册会计师人力资本较为直接的变量。在中国,通过注册会计师考试是获得执业资格的必要条件之一。该考试的报名条件较为宽松,要求报名者具有完全民事行为能力和高等专科以上学校毕业学历,或者具有会计或者相关专业中级以上技术职称,但综观注册会计师考试的整个过程,通过考试的难度颇大。参加该考试的考生人数逐年上升,仅2011年一年,全国就有55.9万人报名参加考试,共报考139.3万科次,其中专业阶段考试报名55.2万人,综合阶段考试报名7 000人,但自该考试举办以来的20多年内,只累计有15.8万人取得了全科合格证书。[2] 2009年,该项考试在保留了原有诸如单科合格证书的有效期为五年等政策的基础上,考试科目在会计、审计、经济法、税法、财务成本管理等五科的基础上,增加了公司战略与风险管理的新科目,并增加了综合阶段测试环节。只有全部通过了六个科目的考试,并完成了综合阶段测试环节,注册会计师全国统一考试的成绩才算合格。

注册会计师考试对会计师人力资本积累的影响毋庸置疑:一旦通过了注册会计师考试,就会被认为具备了从事财会类工作的专业能力。在相当多的招聘

---

[2] 数据源自中注协网站,《2011年度注册会计师全国统一考试报名工作顺利完成》,http://www.cicpa.org.cn/topnews/201106/t20110602_28979.htm。

中,招聘方甚至可以忽略被招聘对象原有的专业背景,忽略其所受过的专业学历教育,而直接将其认定为财务专业人士,可见通过注册会计师考试将有效地提升会计师的人力资本价值。由于考试对学历、经验有一定的要求,而且考试的周期长,通过的难度大,这些对该项人力资本的取得成本和相关的未来收益获得等方面都有着重要的影响。

对于人力资本的评估通常从人力资本的形成成本(cost based)和收益(income based)两个角度来分析(Le et al.,2003),人力资本形成的成本越高、所能带来的收益越大,人力资本的价值也就越高。从资本形成的角度(cost-based)来度量人力资本最早见于 Engel(1883),资本形成的成本被认为主要是养育成本,为年龄和社会阶层的函数。Schultz(1961)和 Machlup(1984)拓展了这一思想,并提出了具体的计算方法。但此类方法只能从宏观上估计人群的人力资本,而无法用来衡量微观层面的个体人力资本(Dagum and Slottje,2000)。显然,对于注册会计师个体人力资本来说,准备注册会计师考试是会计师一项重大的人力资本投资。大部分报考者都是在一边工作一边准备考试,其需付出很大的学习成本(如时间和精力)以及放弃此期间的社交和休闲等机会收益,有的还参加辅导班,需支付较高的辅导费,加之我国的会计准则、税务规则和其他财经法律法规等处于不断变革之中,这些内容的复杂性在加大(这无疑加大了备考会计师的学习成本,因为若上一年未能通过相关科目考试的话,到下一年可能需学习完全新且很可能更难些的内容),故虽然签字会计师都取得了同样的资格,但如果一个会计师一次性通过了全部的考试科目,那么其为此人力资本所付出的投资成本显然要低于需多年多次考试才通过全部考试科目的会计师。此外,研究者发现个体认知的差异对人力资本的形成有着重要影响(Cunha and Heckman,2009),即使是同样的物质投入,个体对之的心理成本(psychological costs)也有着明显的不同。认知失调理论(Cognitive Dissonance)就认为即使面对同样的情境,不同的人也会因为其背景或特质的差异而对环境有不同的认知与反应。心理成本高的个体会赋予同样的情境更高的价值。Aronson and Mills(1959)通过实验验证了这一理论,一个组织挑选个体的过程越严格,个体对组织的忠诚度就越高。Cialdini(2003)发现此类现象在美国校园协会的新生招募和新兵入伍等活动中也普遍存在。无疑,一次性通过全部考试科目的注册会计师在获得全科合格证过程中的不悦体验,也就是心理成本,要明显低于那些多次参加考试才通过考试的会计师(后者还有思想包袱,怕连续几年不能获得全科合格证书的话,前面的努力全白费,这也加大了其心理成本)。因此,通过多年考试才获得全科合格证的会计师的人力资本投资成本要大于一次性通过考试的会计师的人力资本投资成本,这使得前者对这个资质的珍惜程度很可能要比后者高,因而对审计质量的控制也高于后者。故本文提出待检验的研究假设1:

假设1 通过多年考试才获得全科合格证的签字会计师的审计质量,要优于一次性通过考试的签字会计师的审计质量。

从人力资本的收益(income based)角度考虑,其收益为人力资本在其所发挥作用的时间内所能带来的收益额的现值总和(Le et al.,2003)。人力资本发挥作用的时间,作为决定性的因素之一,由人力资本的时效性和专用性共同决定,前者为由个体物理状态所决定的能够工作的时间,后者则需要估计人力资本所依附的工作岗位能被持续提供的概率。

Ben-Porath(1967)用模型解释了人力资本的时效性:人力资本投资通常发生在生命的前期,而且投资者甚至会放弃当前收入而进行人力资本的投资。劳动者前期获得的人力资本相对于后期获得的人力资本,能够发挥作用的时间更长。Jayachandran and Lleras-Muney(2009)也发现随着对预期寿命的延长,人们会增加在教育上的投资。

在中国,参与注册会计考试是一项重要的人力资本投资。我国的退休年龄为男性年满60周岁,女性年满55周岁,可以预见会计师的职业生涯结束时间是大体一致的。因此,一个会计师获得全科合格证的年龄越小,未来所能从事审计业务的时间就越长,该项投资所带来的收益时间也就越长。如果通过考试时的年龄越小,该项人力资本所面临的风险也越高。为了能保证更长时间地享有该项资本带来的收益,可以预见,年龄越小的人会更注意维护该项人力资本不遭到破坏,因而,其实施审计的质量也会越高。

但从人力资本专用性的角度分析,已有的研究结果显示:年龄越大的人其工作的转换成本(switching costs)越高。就业的人年龄越大,找到新的工作所花的时间越长(Shrieves,1995),而且最终找到工作的概率也越低(Bortnick and Ports,1992)。Harris and Helfat(1997)在高管薪酬的研究中也发现人力资本的专用性对高管的薪酬有着重要的影响,出于保护从属于在任企业的专用性人力资本的考虑,企业内部选聘的CEO会要求比外聘的CEO更低的薪酬。Gimeno et al.(1997)也发现了年龄越大的企业家乐意接受更低的公司业绩。该逻辑也适用于签字会计师取得全科合格证时的年龄。取得全科合格证时的年龄越大,该项人力资本的专用性也越强,在人力资源市场转换工作岗位的成本也越高。出于保护该项人力资本的考虑,会计师会更注意维护这项人力资本,因而其审计质量会更高。综合上述观点,提出下面两个互斥的研究假设2a和2b:

假设2a 签字会计师获得全科合格证时的年龄越小,审计质量越高;

假设2b 签字会计师获得全科合格证时的年龄越大,审计质量越高。

以上假设都猜测注册会计师考试的经历能影响到审计质量,主要源于是否一次性地通过考试,以及通过考试时的年龄影响了签字会计师对于该资质看重的程度。会计师对之越看重,保护的动机就越强烈,审计时就会越注意控制审计风险,审计质量相应也就越高。

一些心理学实验发现个体对某一事物保护动机的强度主要受该事物的相对重要性的影响。在某些特殊的情景中,为了保护更重要的事物,甚至会牺牲重要性相对低的事物,尽管个体的内心会有负罪感,并可能在后续的行为中做出补偿(Miettinen and Suetens,2008;Ketelaar and Au,2003;Ellingsen et al.,2010)。这种个体心理窘境的愧疚感理论同样体现在本文的逻辑中:注册会计师执业资格并不是会计师人力资本的唯一,工作经历、在职培训、受教育水平等也同样非常重要(BrÖCheler et al.,2004)。Cheng et al.(2009)就估计了各部分的重要性程度,发现对会计师群体而言,执业资格对会计师人力资本的重要性程度和工作经历相当,但要高于受教育水平(因子载荷分别为 0.77、0.80 和 0.43[3])。这些部分显然会影响到会计师资质的相对重要性水平。试想如果一个会计师的人力资本主要是审计工作中积累的人脉、财务知识和管理技能,将导致该资质在其整体人力资本的比重相对很小,那么对于此类会计师而言,注册会计师考试经历的差异只能带来人力资本极小部分的变化,对最终审计质量的影响可能就将无从观察。

具体地,四大会计师事务所在审计行业具有毋庸置疑的领导地位,虽然并未向客户提供更高质量的审计服务(Blokdijk et al.,2006;刘峰和周福源,2007),但客户仍会向其支付溢价(Simon and Francis,1988)。四大是很多上市公司出于自身社会地位考虑的不二选择(Jensen and Roy,2008)。此外,相比其他会计师事务所,四大为会计师进行了更多的人力资本投资,在四大工作能为会计师提供更多的审计技能、更丰富的职业教育培训以及更专业的行业知识(Westort,1990,O'Keefe and Westort,1992)。四大的工作经历使得员工有了更多的工作机会,被其他公司高薪雇用成为四大员工离职异于其他公司的明显特征(Lee et al.,1999;Holtom et al.,2005)。

上述特点使得我们有理由相信四大会计师事务所的工作经历对会计师的人力资本构成产生了决定性的影响,从而使得注册会计师资格对这些会计师的相对重要性有所降低,以至于注册会计师考试的经历对会计师人力资本的影响未能达到需要会计师在审计过程中从审计质量方面做出反应的程度,故在此提出待检验的研究假设 3:

假设 3 与四大的会计师相比,获得全科合格证的经历对审计质量的影响更可能存在于非四大的会计师群体中。

由于四大在国内审计市场占有的份额小,观测数量有限,而且由于我们无法追溯会计师的工作历程,无法得知非四大的会计师是否具有四大的工作经历,因而假设 3 的检验存在一定的样本选择性偏误,导致非四大会计师群体的系数被高估。前述 cheng et al.(2009)的人力资本构成模型还将受教育水平作为会计师人力资本的重要因素,教育在个体人力资本的塑造过程中扮演了重要的角色(Coleman,1988;Becker,2009),高的教育水平能为人力资本持有者带来

---

[3] 参见 Cheng, Yu-Shu, Yi-Pei Liu and Chu-Yang Chien, 2009, The association between auditor quality and human capital, *Managerial Auditing Journal*, 24(6), 523—541。

更多的工作机会(Davies and Hammack,2005)和高等学历溢价(colledge premium),且其幅度一直呈上升趋势(Murphy et al.,1989;Blundell,2005;James,2012)。会计师学历的高低很可能也会影响执业资质在会计师人力资本中的相对重要程度。因此,我们进一步考察了注册会计师考试的经历对审计质量影响的程度是否在不同学历的会计师群体中存在差异。

学历在中国社会中的重要性毋庸置疑,学历歧视在就业中较普遍地存在[4],相对来说,高的学历能为会计师带来更多的工作机会、更高的薪酬和更多的升职机会(Gul,et al.,2013),而对于低学历的会计师,由于学历歧视,特别是对本科以下学历的歧视,限制了其可选的就业机会,执业资格是其从事审计业务极为重要的筹码。一旦失去该资质,会计师将可能面临就业困难。故而注册会计师资格在低学历会计师的人力资本中占到了非常重要的比重,取得并持有该资质对其人力资本有决定性的影响,以至于考试经历的差异并不能显著地影响到这些会计师对该资质重视的程度,也就无法观测到这一经历对审计质量的影响。而对于高学历的会计师群体,就业时没有学历的"短板",拥有众多的机会,为注册会计师资格考试放弃的也更多,资质被重视的程度和考试的经历关联度可能也就更高。因此,考试经历和审计质量之间存在联系更可能出现在高学历的会计师群体中,故在此提出待检验的假设4:

假设4 与低学历的会计师相比,获得全科合格证的经历对审计质量的影响更可能存在于高学历的会计师群体中。

需要指出的是,虽然学历教育和职业教育是人力资本形成的两个重要来源。但教育的主要功能究竟是信号显示(signaling)还是提升人力资本,学术界一直都颇有争议(Bedard,2001,Chevalier et al.,2004)。基于信号显示理论,通过注册会计师考试时的个人特征也可能只是会计师自身能力的一个代理变量,只是反映了会计师学习行业专业知识的能力的强弱。而从人力资本理论的角度来看,注册会计师考试改变了会计师的人力资本,对其有提升的作用。

我们需要对这两种可能的解释做出区分。事实上,如果通过注册会计师考试时的年龄和是否一次性地通过考试仅是关于会计师能力的信号,那么由于无法确切得知会计师首次参加考试的时间,这个信号显然存在噪音。

即使这两个指标有一定的信号作用,能够反映会计师的能力,那么如果这些考试经历所表征的能力不同于是否在四大工作和学历所表征的能力,其信号显示作用理当在各个会计师的子群体内都存在,因而在学历不同或是否在四大工作的会计师群体中都将存在,注册会计师考试的经历对审计质量的影响都将存在,此时假设3和假设4将无法成立;而如果这些考试经历所表征的能力同

---

[4] 特别是"崇尚本科、鄙视专科亦是'深入人心',持有高职高专的学位更被认为是'工人'、'差生'而受到歧视",详细参见:邬大光、李枣鹰,2007,2006年中国高等教育盘点,《高等教育研究》第28卷第2期,第1—10页。

于学历和是否在四大工作经历表征的能力,而且信号作用更强,那么其信号显示效应在各个会计师的子群体内也都将存在,此时假设3和假设4也将无法成立;而如果学历和工作经历表征能力的信号作用更强,那么审计质量将主要受两组会计师群体的组间差别的影响,在控制了上述变量后,假设1和假设2将都无法成立。如果前述假设均成立,那么就支持了本文的人力资本假设。

三、研究设计

(一)模型和变量定义

参考已有的文献,本研究的审计质量采用了被广为使用的超额应计之绝对值(ADA)作为代理变量。ADA基于Jones模型来计算,为DA的绝对值,越大表示公司的盈余被操纵的程度越高,报表的审计质量越差。主要的解释变量为签字会计师是否一次性全科通过注册会计师考试(TEST1)和取得全科合格证时的年龄(QUALIAGE),并依据审计师的学历(GRADE)和是否在四大工作(BIG4)来进行分组回归。控制变量包括公司的经营状况[(如公司的业绩(ROA)、成长性(GROWTH)、负债水平(LEV)和公司规模(SIZE)],以及公司的治理特征[公司的机构投资者持股比例(INSHR)、董事会规模(BOARDN)、独立董事比例(INDIR)、股权集中度(FSHR)、股权制衡度(SHRBAL)、两职合一(DUAL)、是否为国有控股公司(SOE)],同时还用注册会计师的年龄(AGE)控制了会计师的经验,以及是否是四大会计师事务所(BIG4)来控制任职事务所的影响。具体的变量定义及计算见表1。

表1 变量定义表

名称	代码	定义
审计质量	ADA	运用Jones模型计算出的超额应计项的绝对值
一次性通过CPA	TEST1	一次性通过全部CPA考试取1,否则取0
全科合格年龄	QUALIAGE	注册会计师获得全科合格证年龄
注册时年龄	CERTIAGE	注册会计师批准获得执业资格时的年龄
年龄	AGE	审计报表当年的会计师年龄
学历	GRADE	如果为本科及以上学历则为1,否则取0
四大	BIG4	如果是四大则为1,否则为0
公司业绩	ROA	净利润/平均总资产
成长性	GROWTH	销售收入增长率
公司规模	SIZE	年末总资产的自然对数
负债水平	LEV	年末总负债/总资产
董事会规模	BOARDN	董事会成员数量
独立董事比例	INDIR	董事会成员中独立董事所占比例
机构投资者持股比例	INSHR	机构投资者持股比例
两职合一	DUAL	董事长和总经理为同一人则为1
股权集中度	FSHR	第一大股东持股比例
股权制衡度	SHRBAL	第1大股东持股比例/第2—5大股东持股比例之和
国有非国有	SOE	如果为国有控股取1,否则为0

$$ADA_t = \alpha_0 + \beta_1 \times TEST1 + \beta_2 \times AGE_t + \beta_3 \times ROA_t + \beta_4 \times SIZE_t$$
$$+ \beta_5 \times LEV_4 + \beta_6 \times BOARDN_t + \beta_7 \times INDIR_t + \beta_8 \times INSHR_t$$
$$+ \beta_9 \times FSHR_t + \beta_{10} \times SHRBAL_t + \beta_{11} \times DUAL_t$$
$$+ \beta_{12} \times SOE_t + \beta_{13} \times BIG4 + \beta_{14} \times GRADE$$
$$+ \gamma_L \times \sum_L IND + \varphi_P \times \sum_P YEAR \tag{1}$$

模型(1)用来检验假设1,期望 β_1 的系数为正。

$$ADA_t = \alpha_0 + \beta_1 \times QUALIAGE + \beta_2 \times AGE_t + \beta_3 \times ROA_t + \beta_4 \times SIZE_t$$
$$+ \beta_5 \times LEV_4 + \beta_6 \times BOARDN_t + \beta_7 \times INDIR_t + \beta_8 \times INSHR_t$$
$$+ \beta_9 \times FSHR_t + \beta_{10} \times SHRBAL_t + \beta_{11} \times DUAL_t$$
$$+ \beta_{12} \times SOE_t + \beta_{13} \times BIG4 + \beta_{14} \times GRADE$$
$$+ \gamma_L \times \sum_L IND + \varphi_P \times \sum_P YEAR \tag{2}$$

模型(2)用来检验假设2a和假设2b,期望 β_1 的系数显著异于0。为了检验假设3和假设4,对样本按照学历高低和事务所是否是四大进行分组回归,通过观察不同组别的 β_1 是否显著异于0,从而判断签字会计师的注册会计师考试经历在"是否在四大工作"或"不同学历"的会计师群体中对审计质量的影响程度有否存在差异。

(二)样本与数据

本文的公司业绩和公司治理数据源自 CSMAR 数据库,样本期间为2002年至2010年,同时剔除了金融业和 ST 的上市公司观测值,所有连续变量都进行了上下1%的 Winsorize 处理以剔除极端值的影响。签字注册会计师的注册会计考试相关数据来自中注协的网站(www.cicpa.org)。我们手工查询了中注协公开的签字会计师的一些个人特征数据,依据注册会计师的全科合格证书编号判断是否一次通过了注册会计师考试和全科合格的年份,进而依据出生年份计算出取得全科合格证时的年龄。需要指出的是,依据我国财政部的规定:"审计报告应当由两名具备相关业务资格的注册会计师签名盖章并经会计师事务所盖章方为有效:(一)合伙会计师事务所出具的审计报告,应当由一名对审计项目负最终复核责任的合伙人和一名负责该项目的注册会计师签名盖章;(二)有限责任会计师事务所出具的审计报告,应当由会计师事务所主任会计师或其授权的副主任会计师和一名负责该项目的注册会计师签名盖章。"[5] 因而我国上市公司某一具体年份的签字会计师通常有2人,但考虑到项目的负责人对审计质量有更加直接的影响,故依据会计师的职务判断出各个会计年度的项目负责人参加

---

[5] 参见:《财政部关于注册会计师在审计报告上签名盖章有关问题的通知》,2001年7月2日。

考试的相关信息进行实证检验。

四、实证结果及分析

（一）描述性统计

表2为各个变量的描述性统计。可以看到一次性通过全部科目的签字会计师审计的客户观测值（公司—年）占到了总样本的14%。签字会计师获得全科合格证书最小的年龄为18岁，最大的为52岁，平均年龄为27岁左右。签字会计师的平均年龄为37岁，最大的年龄为61岁。其他变量中，四大会计师事务所审计的报表数占到了总观测的4.61%，和其他相关研究的结果一致。具有本科及以上学位的会计师审计的报表占到了全样本的68.4%。

表2 描述性统计

	N	MEAN	MEDIAN	MAX	MIN	P25	P75
ADA	6039	0.0778	0.0435	0.574	0.000569	0.0182	0.0963
TEST1	4431	0.143	0	1	0	0	0
QUALIAGE	4109	27.13	26	52	18	24	29
AGE	6549	37.32	36	61	27	32	40
BIG4	6551	0.0461	0	1	0	0	0
ROA	6546	3.86	3.799	22.27	−27.94	1.389	6.803
GROWTH	6549	20.59	15.06	273.2	−67.23	0.058	32.94
SIZE	6549	21.41	21.28	24.72	19.12	20.7	22
LEV	6546	46.39	47.19	106.4	5.774	32.65	60.6
INSHR	6265	0.204	0.0905	0.875	0	0.0093	0.358
BOARDN	6536	11.83	11	25	2	9	14
INDIR	6116	31.65	31.25	60	8.33	25	37.5
FSHR	6549	0.395	0.374	0.786	0.0899	0.265	0.517
SHRBAL	6549	11.29	2.754	167.8	0.406	1.18	9.262
DUAL	6502	0.148	0	1	0	0	0
SOE	5368	0.636	1	1	0	0	1
GRADE	6551	0.684	1	1	0	0	1

表3为变量的相关系数表。可以看到，签字会计师取得全科合格证时的年龄和审计质量之间为负相关的关系。是否一次性通过考试和审计质量之间的相关系数不显著，但和全科合格的年龄之间却是显著负相关的关系，说明取得全科合格证时的年龄越大，一次性通过全部注册会计师考试科目的概率越低。其他的变量中，是否是四大会计师事务所审计和审计质量之间的相关系数也不显著。

表 3 相关系数表

	ADA	TEST1	QUALIAGE	AGE	BIG4	ROA	GROWTH	SIZE	LEV	INSHR	BOARDN	INDIR	FSHR	SHRBAL	DUAL	SOE	GRADE
ADA	1	0.01	−0.033*	0.025	0.006	0.069***	0.048***	0.089***	0.039***	0.048***	0.027	0.025	−0.004	0.009	0.008	−0.040***	0.009
TEST1		1	−0.238***	0.038**	0.036**	−0.008	−0.018	0.046***	−0.024	−0.01	0.054***	−0.029*	0.021	0.033*	−0.009	0.056***	0.019
QUALIAGE			1	0.672***	−0.082***	−0.021	0.031**	−0.053***	0.037***	0.008	0.021	−0.031**	−0.02	−0.012	−0.014	0.045***	−0.105***
AGE				1	−0.126***	0.016	0.013	0.016	0.026	0.045***	0.030*	0.007	−0.046***	−0.016	−0.042***	0.054***	−0.147***
BIG4					1	0.081***	−0.043***	0.303***	0.009	0.050***	0.104***	−0.004	0.131***	0.023	−0.043***	0.084***	0.131***
ROA						1	0.253***	0.165***	−0.376***	0.313***	−0.104***	−0.097***	0.131***	−0.037***	0.009	−0.078***	0.076***
GROWTH							1	0.129***	0.031**	0.137***	−0.025	0.016	0.098***	0.003	−0.003	−0.003	0.052***
SIZE								1	0.330***	0.153***	0.143***	0.025	0.249***	0.233***	−0.106***	0.216***	0.083***
LEV									1	−0.041***	0.171***	−0.090***	−0.040***	0.040***	−0.072***	0.055***	−0.031
INSHR										1	0.002	0.075***	−0.030*	−0.105***	−0.021	0.005	0.019
BOARDN											1	−0.321***	−0.081***	−0.075***	−0.049***	0.148***	0
INDIR												1	0.009	−0.003	0.037**	−0.071***	0.013
FSHR													1	0.718***	−0.069***	0.234***	0.032*
SHRBAL														1	−0.080***	0.271***	−0.017
DUAL															1	−0.189***	−0.006
SOE																1	0.029
GRADE																	1

（二）回归结果及其分析

表 4 的列(1)为模型(1)的回归结果,可以看出,一次性通过考试(TEST1)对审计质量的回归系数为 0.0121,t 统计量的值为 2.32,表明该回归系数在 5% 的置信水平上显著异于 0,说明一次性通过 CPA 考试的会计师的审计质量要低于多年考试才取得全科合格证的会计师,假设 1 得到了支持。

表 4　模型 1 和模型 2 回归结果

	(1)	(2)	(3)	(4)
	Jones Model	Jones Model	Modified Jones Model	Modified Jones Model
TEST1	0.0121**		0.0127**	
	(2.32)		(2.41)	
QUALIAGE		−0.00172**		−0.00178**
		(−2.48)		(−2.53)
AGE	−0.000160	0.000753	−0.000125	0.000845
	(−0.48)	(1.35)	(−0.37)	(1.51)
BIG4	0.000297	−0.00152	0.00101	−0.000454
	(0.04)	(−0.19)	(0.13)	(−0.06)
GRADE	−0.00311	−0.00169	−0.00324	−0.00200
	(−0.81)	(−0.42)	(−0.83)	(−0.50)
ROA	−0.000248	−0.000291	−0.000319	−0.000364
	(−0.71)	(−0.82)	(−0.91)	(−1.01)
GROWTH	0.000189***	0.000197***	0.000215***	0.000235***
	(4.35)	(4.38)	(4.90)	(5.16)
SIZE	0.000711	0.00113	0.00122	0.00151
	(0.34)	(0.53)	(0.58)	(0.69)
LEV	−0.0000880	−0.000135	−0.0000950	−0.000148
	(−0.75)	(−1.12)	(−0.80)	(−1.21)
INSHR	−0.000136	−0.00337	0.00166	−0.00209
	(−0.02)	(−0.37)	(0.18)	(−0.23)
BOARDN	0.000555	0.000691	0.000503	0.000626
	(1.15)	(1.38)	(1.03)	(1.24)
INDIR	−0.000120	−0.000242	−0.000223	−0.000345
	(−0.58)	(−1.13)	(−1.06)	(−1.60)
FSHR	0.0161	0.0162	0.0193	0.0191
	(1.20)	(1.17)	(1.42)	(1.37)
SHRBAL	−0.0000155	−0.0000148	−0.0000268	−0.0000314
	(−0.15)	(−0.14)	(−0.26)	(−0.29)
DUAL	−0.00132	−0.00131	−0.000680	−0.000752
	(−0.26)	(−0.25)	(−0.13)	(−0.14)
SOE	−0.00872**	−0.00801**	−0.00874**	−0.00791*
	(−2.21)	(−1.98)	(−2.20)	(−1.93)
_cons	0.106**	0.113**	0.0993**	0.110**
	(2.35)	(2.42)	(2.18)	(2.33)
N	3514	3317	3514	3317
adj. R^2	0.083	0.081	0.087	0.086
F	8.978	8.308	9.389	8.766

注:括号内为 t 值;* 表示在 10% 水平下显著;** 表示在 5% 水平下显著;*** 表示在 1% 水平下显著;所有变量 VIF<5。

表 4 的列(2)为模型(2)的回归结果,注册会计师取得全科合格证的年龄和审计质量之间是负相关的关系,两者间的回归系数为 -0.00172,t 统计量的值为 -2.48,表明回归系数显著异于 0。这一结果说明会计师取得全科合格证时的年龄增加 1 岁,被审计公司的超额应计项占总资产的比重会降低 0.17%。会计师取得全科合格证时的年龄越大,审计质量越高,支持了假设 2b,表明通过考试时的年龄对会计师人力资本专用性的影响更显著。

其他的变量中,可以看到 BIG4 这一变量和审计质量之间的回归系数在两个模型的回归中分别为 0.000297 和 -0.00152,t 统计量的值都小于 1.96,显示这两个系数均不显著异于 0,说明是否是四大会计师事务所实施审计,最终的审计质量并没有显著的差别,这一结果与刘峰和周福源(2007)的结论是一致的。会计师实施审计时的年龄(AGE)和审计质量之间的回归系数也不显著,表明会计师的从业经验对审计质量并没有显著的影响,这从一个侧面也说明取得全科合格证时年龄的大小并不是通过影响了签字会计师的审计工作经验而对审计质量产生的影响。上述两个模型的各个变量最大的方差膨胀因子都小于 5,平均在 1 左右,表明不存在严重的共线性问题。

表 5 的列(1)至列(4)为按照是否在四大工作进行分组回归的结果,从回归结果可以看出,在四大的会计师群体中,是否一次通过考试对审计质量的回归系数为 -0.0123,t 值为 -0.49,表明不存在显著影响,而在非四大的群体中,两者间的回归系数为 0.0116,t 值为 2.15,表明一次性通过考试的会计师审计质量要低于多次考试才通过的会计师。从通过考试时的年龄来看,对审计质量的影响主要也存在于非四大的会计师群体中。可见,由于四大工作对会计师的人力资本构成起到了重要的影响,注会考试经历对人力资本专用性的影响在非四大的会计师群体中更明显,假设 3 得到了支持。

我们也比较了四大和非四大的会计师通过考试情况的差异(未列表报告),四大工作的会计师一次性通过考试的比例为 18.21%,而非四大的会计师一次性通过考试的比例为 14.02%,两组样本均值比较的 t 值为 -1.8297,在 5% 的概率水平上显著异于 0,表明四大的会计师一次性地通过考试的概率更高。从通过考试的年龄来看,四大的会计师通过考试时的平均年龄为 25.87 岁,而非四大工作的会计师,通过考试的平均年龄为 27.17 岁,两组样本均值比较的 t 值为 4.7187,显著异于 0,表明四大工作的会计师通过考试的时间要普遍早于非四大工作的会计师,从人力资本的角度来看,四大工作的会计师的确具有更低的转换成本,人力资本专用性更低。

表 6 的列(1)至列(4)为按照学历进行分组回归的结果。对于本科及以上学历的会计师,审计质量和 TEST1 的相关系数为 0.0132,t 值为 2.20,表明一次性通过考试的会计师的审计质量要显著低于多次考试才通过的会计师,而对于本科以下学历的会计师群体则不存在这种现象,两者的相关系数为 0.00621,t 值为 0.56,并不显著异于 0。还可以看到对于本科及以上学历的会计师,通过

表 5 按是否四大分组回归结果

	Jones Model				Modified Jones Model			
	(1)	(2)	(3)	(4)	(5)	(6)	(7)	(8)
	四大	非四大	四大	非四大	四大	非四大	四大	非四大
TEST1	−0.0123	0.0116**			−0.00748	0.0122**	−0.000716	−0.00176**
	(−0.49)	(2.15)			(−0.28)	(2.25)	(−0.18)	(−2.45)
QUALIAGE			0.00117	−0.00177**				0.000806
			(0.32)	(−2.48)				(1.39)
AGE	0.00145	−0.000262	−0.000417	0.000742	0.00122	−0.000210	0.000342	
	(0.69)	(−0.78)	(−0.15)	(1.29)	(0.55)	(−0.62)	(0.12)	
GRADE	0.0309	−0.00385	0.0305	−0.00227	0.0364	−0.00401	0.0344	−0.00263
	(0.93)	(−0.99)	(0.92)	(−0.56)	(1.03)	(−1.03)	(0.98)	(−0.65)
ROA	0.00376**	−0.000554	0.00357**	−0.000597	0.00372**	−0.000632*	0.00360**	−0.000678*
	(2.48)	(−1.54)	(2.35)	(−1.61)	(2.32)	(−1.74)	(2.24)	(−1.82)
GROWTH	0.000356*	0.000180***	0.000364*	0.000187***	0.000399*	0.000205***	0.000407*	0.000223***
	(1.66)	(4.05)	(1.72)	(4.03)	(1.76)	(4.58)	(1.81)	(4.78)
SIZE	−0.00287	0.000971	−0.00228	0.00135	−0.00302	0.00151	−0.00232	0.00176
	(−0.28)	(0.45)	(−0.22)	(0.60)	(−0.28)	(0.69)	(−0.21)	(0.78)
LEV	0.000344	−0.000115	0.000388	−0.000167	0.000291	−0.000130	0.000362	−0.000189
	(0.50)	(−0.95)	(0.57)	(−1.34)	(0.40)	(−1.07)	(0.50)	(−1.51)
INSHR	−0.0130	0.00221	−0.0168	−0.000980	−0.0184	0.00440	−0.0207	0.000693
	(−0.38)	(0.24)	(−0.49)	(−0.10)	(−0.51)	(0.47)	(−0.57)	(0.07)
BOARDN	−0.000920	0.000670	−0.000603	0.000785	−0.000387	0.000609	−0.000102	0.000709
	(−0.43)	(1.33)	(−0.29)	(1.51)	(−0.17)	(1.20)	(−0.05)	(1.35)

(续表)

	Jones Model						Modified Jones Model			
	(1) 四大	(2) 非四大	(3) 四大	(4) 非四大	(5) 四大	(6) 非四大	(7) 四大	(8) 非四大
INDIR	−0.000684	−0.000107	−0.000718	−0.000220	−0.000746	−0.000212	−0.000742	−0.000327
	(−0.65)	(−0.51)	(−0.69)	(−1.00)	(−0.67)	(−0.99)	(−0.67)	(−1.48)
FSHR	−0.0144	0.0216	−0.00908	0.0222	−0.0205	0.0253*	−0.0157	0.0256*
	(−0.24)	(1.56)	(−0.15)	(1.54)	(−0.32)	(1.81)	(−0.24)	(1.77)
SHRBAL	0.0000349	−0.0000515	0.0000545	−0.0000533	−0.0000843	−0.0000544	−0.0000415	−0.0000603
	(0.07)	(−0.48)	(0.10)	(−0.47)	(−0.15)	(−0.51)	(−0.07)	(−0.53)
DUAL	−0.00126	−0.00142	−0.0169	−0.000566	0.00318	−0.00103	−0.0132	−0.000301
	(−0.04)	(−0.28)	(−0.48)	(−0.11)	(0.09)	(−0.20)	(−0.35)	(−0.06)
SOE	0.0176	−0.00828**	0.0156	−0.00771*	0.0222	−0.00840**	0.0195	−0.00767*
	(0.70)	(−2.07)	(0.62)	(−1.87)	(0.83)	(−2.08)	(0.73)	(−1.85)
_cons	0.0476	0.104**	0.0682	0.110**	0.147	0.0967**	0.184	0.106**
	(0.21)	(2.23)	(0.29)	(2.27)	(0.60)	(2.06)	(0.74)	(2.17)
N	216	3 298	213	3 104	216	3 298	213	3 104
adj. R^2	0.072	0.086	0.053	0.083	0.065	0.089	0.050	0.087
F	1.490	8.930	1.351	8.241	1.440	9.254	1.332	8.601

注:括号内为 t 值;* 表示在 10% 水平下显著;** 表示在 5% 水平下显著;*** 表示在 1% 水平下显著;所有变量 VIF<5。

表 6 按学历分组回归结果

	Jones Model					Modified Jones Model		
	(1)	(2)	(3)	(4)	(5)	(6)	(7)	(8)
	本科及以上	本科以下	本科及以上	本科以下	本科及以上	本科以下	本科及以上	本科以下
TEST1	0.0132**	0.00621			0.0136**	0.00745		
	(2.20)	(0.56)			(2.25)	(0.67)		
QUALIAGE			−0.00231***	−0.000258			−0.00242***	−0.000170
			(−2.81)	(−0.19)			(−2.92)	(−0.12)
AGE	−0.000449	0.000491	0.000904	0.000215	−0.000427	0.000569	0.00100	0.000271
	(−1.09)	(0.86)	(1.38)	(0.20)	(−1.02)	(0.99)	(1.51)	(0.25)
BIG4	0.00317	−0.0253	0.00148	−0.0245	0.00433	−0.0289	0.00306	−0.0285
	(0.38)	(−0.87)	(0.18)	(−0.84)	(0.52)	(−0.98)	(0.36)	(−0.97)
ROA	−0.000377	0.000260	−0.000396	0.000176	−0.000419	0.0000870	−0.000458	0.0000485
	(−0.92)	(0.39)	(−0.94)	(0.26)	(−1.01)	(0.13)	(−1.07)	(0.07)
GROWTH	0.000175***	0.000206**	0.000181***	0.000221**	0.000209***	0.000207**	0.000228***	0.000231**
	(3.46)	(2.37)	(3.45)	(2.47)	(4.10)	(2.37)	(4.29)	(2.56)
SIZE	0.000562	0.000561	0.000513	0.00199	0.00101	0.00104	0.000796	0.00233
	(0.23)	(0.14)	(0.20)	(0.48)	(0.40)	(0.26)	(0.31)	(0.56)
LEV	0.00000360	−0.000212	−0.00000367	−0.000342	0.00000408	−0.000238	−0.0000138	−0.000361
	(0.03)	(−0.95)	(−0.03)	(−1.50)	(0.03)	(−1.06)	(−0.09)	(−1.57)
INSHR	0.000908	0.000487	−0.000744	−0.00462	0.00196	0.00300	−0.000431	−0.00234
	(0.09)	(0.03)	(−0.07)	(−0.26)	(0.18)	(0.17)	(−0.04)	(−0.13)
BOARDN	0.000113	0.00215**	0.000399	0.00172	0.0000932	0.00205**	0.000362	0.00164
	(0.20)	(2.10)	(0.69)	(1.63)	(0.17)	(1.99)	(0.62)	(1.54)

(续表)

	Jones Model				Modified Jones Model			
	(1) 本科及以上	(2) 本科以下	(3) 本科及以上	(4) 本科以下	(5) 本科及以上	(6) 本科以下	(7) 本科及以上	(8) 本科以下
INDIR	−0.000225	0.000278	−0.000300	0.00000309	−0.000318	0.000136	−0.000392	−0.000142
	(−0.93)	(0.67)	(−1.20)	(0.01)	(−1.30)	(0.32)	(−1.56)	(−0.33)
FSHR	0.0186	0.0152	0.0219	0.00735	0.0195	0.0243	0.0228	0.0160
	(1.19)	(0.56)	(1.36)	(0.26)	(1.23)	(0.89)	(1.39)	(0.57)
SHRBAL	−0.0000758	−0.0000783	−0.0000652	0.0000730	−0.0000966	−0.0000853	−0.0000952	0.0000867
	(−0.61)	(−0.41)	(−0.50)	(0.37)	(−0.77)	(−0.45)	(−0.72)	(0.43)
DUAL	−0.000301	−0.00309	−0.000928	−0.00179	0.000508	−0.00266	−0.000139	−0.00138
	(−0.05)	(−0.31)	(−0.15)	(−0.18)	(0.08)	(−0.27)	(−0.02)	(−0.14)
SOE	−0.00810*	−0.0108	−0.00783*	−0.0105	−0.00806*	−0.0111	−0.00763	−0.0109
	(−1.76)	(−1.35)	(−1.66)	(−1.27)	(−1.74)	(−1.38)	(−1.60)	(−1.31)
_cons	0.121**	0.0589	0.131**	0.0711	0.113**	0.0562	0.128**	0.0698
	(2.23)	(0.70)	(2.32)	(0.82)	(2.07)	(0.66)	(2.24)	(0.80)
N	2 529	985	2 389	928	2 529	985	2 389	928
adj. R^2	0.076	0.100	0.075	0.097	0.081	0.101	0.081	0.099
F	6.306	3.791	5.972	3.542	6.705	3.834	6.400	3.607

注:括号内为 t 值;* 表示在 10% 水平下显著;** 表示在 5% 水平下显著;*** 表示在 1% 水平下显著;所有变量 VIF<5。

考试时的年龄对审计质量的回归系数为 -0.00231,t 值为 -2.81,显著异于 0,而对于本科以下学历的会计师,两者之间的相关系数为 -0.000258,t 值为 -0.19,并不显著异于 0,说明通过考试时的年龄对审计质量的影响只存在本科及以上学历的注册会计师群体内。这些结果显示不同学历的会计师组,注册会计师考试的经历对审计质量的影响存在差异,注册会计师考试对会计师的人力资本存在影响。

由于注册会计师考试报名的条件要求报考者具有大专及以上学历或中级及以上职称,何时完成学历教育自然影响报考者初次参与考试的时间,从而影响获得全科合格证的时间。表 6 的回归结果无法排除由于低学历的会计师更早地参加了考试,而导致获得全科合格证书的年龄普遍偏小,从而在后续的执业中不再考虑这一事件的影响,而并不是如假设 4 中所说的人力资本的转换成本所导致的。但从表 3 的相关系数表中可以发现,学历和取得全科合格证时的年龄二者之间是负相关的关系,表明低学历的会计师取得全科合格证的时间要普遍晚于高学历的会计师,分组 t 检验的结果也显示本科以下学历的会计师平均通过考试的年龄为 27.87 岁,而本科及以上学历的会计师通过考试的年龄为 26.79 岁,两组观测的均值之间的 t 值为 7.5063,显示本科以下学历的会计师通过考试的年龄普遍大于本科及以上学历的会计师(未列表报告),可见这种情况是不存在的。

此外,我们也比较了不同学历的会计师通过考试的情况。一次性通过考试的观测占到了本科以上学历会计师群体的 14.62%,而在本科以下学历的会计师中的占比为 13.33%,但两组样本 TEST1 的均值比较的 t 值为 -1.1063,显示不存在显著差异,表明学历的高低和是否一次性通过考试的概率没有必然联系。

综合两组样本的均值比较结果,可见对于本科以下学历的会计师而言,并不是由于人力资本的专用性要低于本科及以上学历的会计师,导致何时通过考试对审计质量的影响不显著,假设 4 得到了支持。

(三) 稳健性检验

考虑到中注协披露的信息中,有一部分注册会计师没有领取全科合格证书导致数据缺失,可能存在样本的选择性偏误,出于这个原因的考虑,我们用注册会计师注册时的年龄(CERTIAGE)作为替代变量,重新进行了回归,结果见表 7。回归的结果和用取得全科合格证的年龄(QUALIAGE)的结果相同。我们还用调整后的 Jones 模型计算的超额应计项作为审计质量的代理变量进行了回归,具体参见表的右半部分,相关结论仍然一致。

此外,我们还检验了通过考试的年龄对会计信息稳健性的影响,基于 Basu

模型的回归结果显示相比较其他会计师群体,35岁后通过考试的会计师在股票收益为负的情况下,会计盈余和收益之间的相关系数要高0.0135,t 统计量为2.24,表明其审计的会计信息的稳健性更高,和前文的假设也是一致的。

表7 稳健性检验

	Jones Model			Modified Jones Model		
	(1)	(2)	(3)	(4)	(5)	(6)
	全样本	本科及以上	本科以下	全样本	本科及以上	本科以下
CERTIAGE	−0.00172***	−0.00256***	0.000101	−0.00171***	−0.00249***	0.0000542
	(−3.32)	(−4.04)	(0.11)	(−3.26)	(−3.89)	(0.06)
AGE	−0.00246	0.00351	−0.0346	−0.00176	0.00462	−0.0372
	(−0.35)	(0.47)	(−1.44)	(−0.25)	(0.62)	(−1.54)
BIG4	0.00131***	0.00175***	0.000158	0.00128***	0.00172***	0.000105
	(3.13)	(3.53)	(0.20)	(3.02)	(3.44)	(0.13)
ROA	−0.000297	−0.000377	−0.0000269	−0.000432	−0.000544	−0.0000915
	(−1.04)	(−1.10)	(−0.05)	(−1.50)	(−1.56)	(−0.18)
GROWTH	0.000179***	0.000158***	0.000209***	0.000208***	0.000197***	0.000218***
	(4.95)	(3.56)	(3.31)	(5.70)	(4.38)	(3.43)
SIZE	0.00233	0.00144	0.00332	0.00255	0.00172	0.00350
	(1.33)	(0.68)	(1.03)	(1.44)	(0.81)	(1.08)
LEV	−0.00000374	0.0000992	−0.000192	−0.0000343	0.0000645	−0.000210
	(−0.04)	(0.85)	(−1.08)	(−0.35)	(0.55)	(−1.17)
INSHR	0.000743	−0.00153	0.00823	0.00404	0.00222	0.00958
	(0.10)	(−0.17)	(0.60)	(0.53)	(0.24)	(0.69)
BOARDN	0.000719*	0.000244	0.00200***	0.000711*	0.000240	0.00200***
	(1.82)	(0.52)	(2.70)	(1.79)	(0.51)	(2.69)
INDIR	−0.0000224	−0.000184	0.000352	−0.0000570	−0.000202	0.000265
	(−0.13)	(−0.90)	(1.13)	(−0.33)	(−0.98)	(0.85)
FSHR	0.0235**	0.0189	0.0362*	0.0239**	0.0176	0.0402*
	(2.10)	(1.41)	(1.72)	(2.11)	(1.30)	(1.90)
SHRBAL	−0.0000960	−0.000105	−0.0000742	−0.000105	−0.000113	−0.0000932
	(−1.16)	(−1.06)	(−0.49)	(−1.26)	(−1.12)	(−0.62)
DUAL	0.000954	0.00191	−0.00352	0.00109	0.00204	−0.00327
	(0.23)	(0.39)	(−0.46)	(0.26)	(0.41)	(−0.43)
SOE	−0.0102***	−0.00993**	−0.0120**	−0.00949***	−0.00924**	−0.0116*
	(−3.13)	(−2.53)	(−1.98)	(−2.88)	(−2.33)	(−1.91)
GRADE	0.0000446			−0.000570		
	(0.01)			(−0.18)		
_cons	0.0612	0.104**	−0.00503	0.0616	0.0984**	0.00217
	(1.63)	(2.27)	(−0.08)	(1.62)	(2.12)	(0.03)

（续表）

	Jones Model			Modified Jones Model		
	(1)	(2)	(3)	(4)	(5)	(6)
	全样本	本科及以上	本科以下	全样本	本科及以上	本科以下
N	4 890	3 409	1 481	4 890	3 409	1 481
adj. R^2	0.093	0.088	0.110	0.095	0.089	0.114
F	13.58	9.464	5.677	13.87	9.554	5.881

注：括号内为 t 值；* 表示在10%水平下显著；** 表示在5%水平下显著；*** 表示在1%水平下显著；所有变量 VIF＜5。

五、结　论

签字会计师个体的人力资本对会计师事务所审计质量具有重要影响，而注册会计师考试是会计师人力资本获取和积累的关键渠道，本文利用签字会计师取得注册会计师考试全科合格证的相关信息考察了审计师个体人力资本特征是否对审计质量存在影响。结果发现，通过多年考试才获得全科合格证的签字会计师之审计质量要高于一次性通过考试获得全科合格证的签字会计师，而且全科合格时的年龄越大，审计质量越高。而注册会计师资格对不同群体会计师人力资本的重要性差异影响了会计师对该资质的重视程度，注册会计师考试经历的不同对审计质量的影响主要存在于非四大工作的会计师和高学历的会计师群体中。实证结果表明，签字会计师的人力资本对审计质量存在影响。

本文的结论对注册会计师行业考试具有一定的实践指导意义，注册会计师考试保持适当的难度不仅有利于挑选合格的会计专业人才，还改变了从业人员的人力资本，对其行为有着长期的影响，适当难度的注册会计师考试有利于保障注册会计师的审计质量。此外，本文的结论还表明在后续对审计质量的影响因素进行研究时，有必要考虑或控制会计师的个体特征。相对于中国独特的签字会计师信息强制披露背景，国外的审计报告并不需要对外披露注册会计师的个人信息，这限制了海外的学者就审计师的个体人力资本特征对审计质量的影响的研究，这不得不说是一个遗憾。事实上，签字会计师在审计报告上签字和对外披露这一事件本身也是注册会计师审计过程中的重要体验，很可能也会对审计质量产生影响，本文的结论对研究这一跨国审计制度的差异是否有趋同的必要等制度研究也有一定启示。

当然，本文也有一定的局限性：首先，本文仅对审计师参加注册会计师考试这个单一的经历进行分析，而实际上还有很多可待挖掘的个体特征，如注册会计师的社会网络关系、媒体活跃度等,这些个体特征都将影响审计质量,且都是可努力的方向;其次,受限于数据来源的限制,本文不得不剔除了部分信息披露不完整和不准确的观测,这使得本文的样本可能存在某种程度的偏误;此外,注册会计师考试经历影响审计质量很可能是一个动态的过程,但本文未能分析该过程的时间和程度等变化。以上视角都可在未来研究中加以考虑。

参考文献

[1] 李江涛、王冬梅、杨玉春,2012,审计师个人特征与审计费用率相关性研究——来自中国上市公司2009年的经验数据,《中国注册会计师》,第3期,第27页。

[2] 刘峰、周福源,2007,国际四大意味着高审计质量吗——基于会计稳健性角度的检验,《会计研究》,第3期,第79—87页。

[3] 刘笑霞、李明辉,2012,会计师事务所人力资本特征与审计质量——来自中国资本市场的经验证据,《审计研究》,第2期,第82—89页。

[4] 邬大光、李枭鹰,2007,2006年中国高等教育盘点,《高等教育研究》,第2期,第1—10页。

[5] Aronson E. and Mills J., 1959, The effect of severity of initiation on liking for a group, *The Journal of Abnormal and Social Psychology*, 59(2), 177—181.

[6] Becker G. S., 2009, *Human Capital: A Theoretical and Empirical Analysis, With Special Reference to Education*, University of Chicago Press.

[7] Bedard K., 2001, Human capital versus signaling models: University access and high school dropouts, *Journal of Political Economy*, 109(4), 749—775.

[8] Ben-Porath Y., 1967, The production of human capital and the life cycle of earnings, *The Journal of Political Economy*, 75(4), 352—365.

[9] Blokdijk H., Drieenhuizen F. and Simunic D. A., 2006, An analysis of cross-sectional differences in big and non-big public accounting firms' audit programs, *Auditing: A Journal of Practice Theory*, 25(1), 27—48.

[10] Blundell R., Dearden L. and Sianesi B., 2005, Evaluating the effect of education on earnings: Models, methods and results from the National Child Development Survey, *Journal of the Royal Statistical Society: Series A (Statistics in Society)*, 168(3), 473—512.

[11] Bortnick S. M. and Ports M. H., 1992, Job search methods and results: Tracking the unemployed, *Monthly Lab. Rev.* 115(12), 29—35.

[12] Bröcheler V., Maijoor S. and van Witteloostuijn A., 2004, Auditor human capital and audit firm survival: The Dutch audit industry in 1930—1992, *Accounting, Organizations and Society*, 29(7), 627—646.

[13] Chang H., Chen J. and Duh R. R., 2011, Productivity growth in the public accounting industry: The roles of information technology and human capital, *Auditing: A Journal of Practice & Theory*, 30(1), 21—48.

[14] Chen S., Sun S. Y. and Wu D., 2010, Client importance, institutional improvements, and audit quality in China: An office and individual auditor level analysis, *The Accounting Review*, 85(1), 127—158.

[15] Cheng Y., Liu Y. and Chien C., 2009, The association between auditor quality and human capital, *Managerial Auditing Journal*, 24(6), 523—541.

[16] Chevalier A., Harmon C. and Walker I., 2004, Does education raise productivity, or just reflect it? *The Economic Journal*, 114(499), F499—F517.

[17] Cialdini R. B., 2003, *Influence: Science and Practice*, Allyn and Bacon Boston, MA.

[18] Coleman J. S., 1988, Social capital in the creation of human capital, *American Journal of Sociology*, S95—S120.

[19] Cunha F. and Heckman J. J., 2009, The economics and psychology of inequality and human development, NBER Working paper. http://www.nber.org/papers/w14695.pdf.

[20] Dagum C. and Slottje D. J., 2000, A new method to estimate the level and distribution of household human capital with application, *Structural Change and Economic Dynamics*, 11(1), 67—94.

[21] Davies S. and Hammack F. M., 2005, The channeling of student competition in higher education: Comparing Canada and the US, *The Journal of Higher Education*, 76(1), 89—106.

[22] Ellingsen T., Johannesson M., Tj O. Tta S. et al., 2010, Testing guilt aversion, *Games and Economic Behavior*, 68(1), 95—107.

[23] Engel E., 1883, *Der Werth des Menschen, I Theil: Der Kostenwerth des Menschen*, Berlin: Simion.

[24] Gimeno J., Folta T. B., Cooper A. C., et al., 1997, Survival of the fittest? Entrepreneurial human capital and the persistence of underperforming firms, *Administrative Science Quarterly*, 750—783.

[25] Gul F. A., Wu D. and Yang Z., 2013, Do individual auditors affect audit quality? Evidence from archival data, *The Accounting Review*, Forthcoming.

[26] Harris D. and Helfat C., 1997, Specificity of CEO human capital and compensation, *Strategic Management Journal*, 18(11), 895—920.

[27] Holtom B. C., Mitchell T. R., Lee T. W., et al., 2005, Shocks as causes of turnover: What they are and how organizations can manage them, *Human Resource Management*, 44(3), 337—352.

[28] James J., 2012, The college wage premium, *Economic Commentary*, Aug 8.

[29] Jayachandran S. and Lleras-Muney A., 2009, Life expectancy and human capital investments: Evidence from maternal mortality declines, *The Quarterly Journal of Economics*, 124(1), 349—397.

[30] Jensen M. and Roy A., 2008, Staging exchange partner choices: When do status and reputation matter? *Academy of Management Journal*, 51(3), 495—516.

[31] Ketelaar T. and Tung Au W., 2003, The effects of feelings of guilt on the behaviour of uncooperative individuals in repeated social bargaining games: An affect-as-information interpretation of the role of emotion in social interaction, *Cognition and Emotion*, 17(3), 429—453.

[32] Le T., Gibson J. and Oxley L., 2003, Cost-and income-based measures of human capital, *Journal of Economic Surveys*, 17(3), 271—307.

[33] Lee T. W., Mitchell T. R., Holtom B. C., et al., 1999, The unfolding model of voluntary turnover: A replication and extension, *Academy of Management Journal*, 42(4), 450—462.

[34] Machlup F., 1984, *The Economics of Information and Human Capital*, 3. Princeton University Press Princeton, NJ.

[35] Miettinen T. and Suetens S., 2008, Communication and guilt in a prisoner's Dilemma, *Journal of Conflict Resolution*, 52(6), 945—960.

[36] Murphy K. and Welch F., 1989, Wage premiums for college graduates recent growth and possible explanations, *Educational Researcher*, 18(4), 17—26.

[37] O'Keefe T. and Westort P., 1992, Conformance to GAAS reporting standards in municipal audits and the economics of auditing: The effects of audit firm size, CPA examination performance, and competition, *Research in Accounting Regulation*, 6, 39—77.

[38] Pennings J. M., Lee K. and Witteloostuijn A. V., 1998, Human capital, social capital, and firm dissolution, *The Academy of Management Journal*, 41(4), 425—440.

[39] Schultz T. W., 1961, Investment in human capital, *The American Economic Review*, 51(1), 1—17.

[40] Shrieves, L., 1995, Middle-agers need savvy resume for job hunt, *Orlando Sentinel*, July 25.

[41] Simon D. T. and Francis J. R., 1988, The effects of auditor change on audit fees: Tests of price cutting and price recovery, *Accounting Review*, 255—269.

[42] Westort P. J., 1990, Investments in human capital by accountants in public, ProQuest Dissertations and Theses, 177.

CPA Examination, Responsible Auditors' Human Capital and Audit Quality

Lianghua Huang

(*Tsinghua University*)

Yunsen Chen

(*Central University of Finance and Economics*)

Deren Xie

(*Tsinghua University*)

Abstract After 20 years of development, Certified public accountant (CPA) examination has become an examination widely recognized by international peers. In China, passing the CPA exam is one of the necessary conditions for an auditor to be qualified as a certified public accountant. The exam registration conditions are not strict, only requiring applicants have full civil capacity and own an associate degree. As a result, the exam is much popular in China. In 2011 year, there are 559 thousand people register as candidates. But it is quite difficult to pass the exam. The exam has been held for more than 20 years, there are only 158 thousand people been qualified. It is a special and forgettable experience for the certified public accountants.

In this paper, responsible auditors' human capital is assumed to be influenced by this experience. The individual characteristics of certified public accountant (CPA) play crucial roles in controlling the audit quality. We use the auditors' personal information regarding the experience of attending CPA exam to measure their human capital, and investigate whether auditors' human capital has some influence on the audit quality. The result shows that the audit quality is higher for those auditors who took several times exams to get qualification and for those auditors who were older when they pasted the CPA test. The result is more robust when the auditors' academic grade is higher and for those auditors who work in non-big 4 firms. The result suggests that auditors' human capital does have effects on the audit quality.

Key words Responsible Auditor, Human Capital, CPA Examination, Audit Quality

图书在版编目（CIP）数据

中国会计评论.第11卷.第3期/王立彦主编.—北京：北京大学出版社,2013.9
ISBN 978-7-301-23762-5

Ⅰ.①中… Ⅱ.①王… Ⅲ.①会计—中国—丛刊 Ⅳ.①F23-55

中国版本图书馆CIP数据核字(2014)第013797号

书　　　　名：中国会计评论（第11卷第3期）
著 作 责 任 者：王立彦　主编
责 任 编 辑：李　娟　谌嘉席
标 准 书 号：ISBN 978-7-301-23762-5/F·3839
出 版 发 行：北京大学出版社
地　　　　址：北京市海淀区成府路205号　100871
网　　　　址：http://www.pup.cn
电 子 信 箱：em@pup.cn　　QQ：552063295
新 浪 微 博：@北京大学出版社　　@北京大学出版社经管图书
电　　　　话：邮购部 62752015　发行部 62750672　编辑部 62752926
　　　　　　　出版部 62754962
印 刷 者：北京大学印刷厂
经 销 者：新华书店
　　　　　787毫米×1092毫米　16开本　8.75印张　168千字
　　　　　2013年9月第1版　2013年9月第1次印刷
定　　价：30.00元
International Price：$30.00

未经许可，不得以任何方式复制或抄袭本书之部分或全部内容。
版权所有，侵权必究
举报电话：010-62752024　电子信箱：fd@pup.pku.edu.cn

《中国会计评论》征订

《中国会计评论》是一本与国际学术研究相接轨、积极关注中国会计与财务问题的大型会计理论学术期刊,由北京大学、清华大学、北京国家会计学院发起,多所综合大学联合主办,北京大学出版社出版,主要面向大学会计教育界和学术界发行。

本刊力求为中国会计理论界提供一个学术交流聚焦点,为会计界学者提供一个高水平的研究成果发表平台。本刊的研究风格是:用国际规范的方法,研究中国的本土经济现象,为中国会计理论学科的发展走向世界铺路搭桥。我们希望并相信,在会计理论界的共同努力下,《中国会计评论》能够发表一系列开创性的、具有影响力的研究成果,培育出一大批具备敏锐眼光的杰出会计学者。

《中国会计评论》为大16开,每期150页左右。本刊印刷装帧考究,内容深刻,极富学术参考价值和保存价值,是有志于学习现代会计前沿理论和方法并以之研究中国本土问题的学者和学生的必读刊物,同时也是最好的学术发表平台之一。

我们诚挚地邀请海内外学者共襄盛举,踊跃投稿和订阅,为中国会计和财务理论的繁荣奉献力量。

订阅地址:北京大学871-150信箱　　邮编:100871
联系电话:010-62752015　　传真:010-62753573　　联系人:邢丽华
电子邮箱:bdsd@pku.edu.cn　　网址:http://www.pup.cn

户名:北京大学出版社有限公司
开户行:工商银行北京海淀西区支行
账号:0200004509066138007
税号:110108H52628530

《中国会计评论》 征订单

(可复制)

每期定价:人民币**30**元		邮购价:人民币**40**元(含邮资)			
订户名称			联系人		
详细地址			邮　编		
电子邮箱		传真	电　话		
订阅年度	□ 2012年共4期	□ 2013年共4期	份　数	每期	份
合计金额	人民币(大写)	￥　　　元	汇款日期		
注:订刊款汇出后请立即将此订单邮寄、传真或E-mail到北京大学出版社北大书店,作为发行凭证,以便订户及时收到本刊。					

说明:1. 请到邮局汇款订阅。可随时订阅,一年起订。
　　　2. 汇款时请务必将汇款人单位(地址)、姓名写清楚,以免影响邮寄。
　　　3. 请勿电汇购书款,请勿在信中夹寄钱物。

CHINA ACCOUNTING REVIEW (CAR)

China Accounting Review (CAR) is a new accounting journal in Chinese, sponsored by Peking University, Tsinghua University, Beijing National Accounting Institute and ten more universities, and published by the Peking University Press.

The aim of the journal is to provide a publication forum for serious theoretical and empirical research on accounting and finance in China's transitional economy. Papers published in CAR fall into five categories: reviews, regular papers, comments and replies, symposium, and book reviews.

Each issue contains about 150 pages and is printed elegantly with quality paper. English table of contents and an abstract for each paper are provided. The journal brings the reader with the latest developments of accounting and finance research in China. Therefore, it is a must collection for academic libraries and scholars who have an interest in the Chinese accountancy.

CHINA ACCOUNTING REVIEW (CAR)

Order Form

☐ Institutions & Individuals   US $ 30.00/Volume

Please enclose a check payable to *China Accounting Review* with this order form.
Subscription to

☐ Vol. 1	☐ Vol. 6
☐ Vol. 2	☐ Vol. 7
☐ Vol. 3	☐ Vol. 8
☐ Vol. 4	☐ Vol. 9
☐ Vol. 5	☐ Vol. 10
☐ Vol. 11	

Only checks are accepted
Currency Options
☐ RMB   ☐ Hong Kong dollar
☐ Euro   ☐ US dollar

Name _____
Address _____
City/state/Zip/Country _____
Phone ( ) _____ Fax ( ) _____
E-mail _____

Please mail your order and check to *China Accounting Review*, Guanghua School of Management, Peking University, Beijing 100871, China.